Lothar Seiwert

A ESTRATÉGIA DOS URSOS

CB012443

Lothar
Seiwert

A ESTRATÉGIA DOS URSOS

Uma fábula para tornar sua
vida mais próspera e feliz

Tradução
Elisa Schreiner

EDITORA CULTRIX
São Paulo

Título original: *Die Bären Strategie – In der Ruhe Liegt die Kraft.*

Copyright © 2005 Heinrich Hugendubel Verlag, Kreuzlingen, Munique.

Publicado originalmente por Heinrich Hugendubel Verlag.

Todos os direitos reservados. Nenhuma parte deste livro pode ser reproduzida ou usada de qualquer forma ou por qualquer meio, eletrônico ou mecânico, inclusive fotocópias, gravações ou sistema de armazenamento em banco de dados, sem permissão por escrito, exceto nos casos de trechos curtos citados em resenhas críticas ou artigos de revistas.

Ilustrações: Susanne Kracht para ZERO, Munique.

Dados Internacionais de Catalogação na Publicação (CIP)
(Câmara Brasileira do Livro, SP, Brasil)

Seiwert, Lothar
    A estratégia dos ursos : uma fábula para tornar sua vida mais próspera e feliz / Lothar Seiwert; tradução Elisa Schreiner. — São Paulo: Cultrix, 2007.

    Título original: Die Bären Strategie – In der Ruhe Liegt die Kraft
    ISBN 978-85-316-0969-5

    1. Auto-ajuda 2. Atitude (Psicologia) 3. Conduta de vida 4. Motivação (Psicologia) 5. Realização pessoal I. Título.

07-0803   CDD-153.8

Índices para catálogo sistemático:
1. Motivação e desenvolvimento pessoal : Psicologia   153.8

O primeiro número à esquerda indica a edição, ou reedição, desta obra. A primeira dezena à direita indica o ano em que esta edição, ou reedição, foi publicada.

Edição	Ano
1-2-3-4-5-6-7-8-9-10-11	07-08-09-10-11-12-13-14

Direitos de tradução para a língua portuguesa
adquiridos com exclusividade pela
EDITORA PENSAMENTO-CULTRIX LTDA.
Rua Dr. Mário Vicente, 368 — 04270-000 — São Paulo, SP
Fone: 6166-9000 — Fax: 6166-9008
E-mail: pensamento@cultrix.com.br
http://www.pensamento-cultrix.com.br
que se reserva a propriedade literária desta tradução.

Sumário

Por que eu gosto de ursos

Eu nunca encontrei o Grande Urso Branco e, mesmo assim, ele me parece mais próximo do que muita gente. Os ursos tornaram-se parte da minha vida. Mesmo antes dessa fábula clcs já podiam ser encontrados em todos os cantos, no escritório e nos jardins da minha casa. Os tranqüilos bichinhos de pelúcia estão em pé, deitados ou sentados por todo lado. Tem ursos grandes e pequenos, gordos e magros, alegres e tristes, falantes e quietos, risonhos e chorões. Existem ursos para a sala, para o quarto, e até para o quarto de hóspedes. E, no meu jardim, não tem anões de jardim, e sim ursos de jardim. Todas as minhas colegas de trabalho têm seus ursos de trabalho, e até mesmo no meu carro um urso cuida de mim quando dirijo.

Os ursos são meus *amigos* e isso não só pelo fato de esses animais inteligentes e desenvolvidos estarem ameaçados de extinção. Não, eles representam *valores* que muitos de nós já não têm mais e que deveríamos recuperar o mais rápido possível se quisermos sobreviver nesse mundo agitado e ter uma vida independente e realizada. Pois somente aquele que, com toda a tranqüilidade, se mantiver alerta e viver o aqui e agora, poderá perceber a verdadeira profundidade do momento e dar um *sentido* à sua vida. Os ursos conhecem o segredo.

Os ursos parecem *lentos*, mas são muito *rápidos,* quando necessário. Quando atacados, se põem de pé. Um urso adulto tem uma barriga de causar inveja. Quando quer, anda sobre duas pernas, assim como nós. Mas ele prefere mesmo correr sobre as quatro patas ou se deitar. Os ursos descansam no inverno. Para isso eles se recolhem numa caverna onde ficam protegidos, apesar de terem poucos inimigos naturais. E, finalmente, os ursos conseguem pegar mel porque têm um pêlo grosso e as picadas das abelhas não os incomodam.

Acima de tudo, os ursos, principalmente meus adorados ursos polares, simbolizam duas qualidades importantes para mim:

1. Eles agem de forma *calma* e *serena*, e dominam a arte de repousar totalmente seu corpo e seu espírito. Como um urso polar, que se espicha sobre um bloco de gelo e deixa o sol brilhar sobre sua barriga. Meu calendário de parede está cheio dessas figuras. *Relaxar com requinte...*

2. Agora, quando necessário, eles se levantam rapidamente e abatem sua presa, conciliando, assim, *força* e *dinâmica,* como praticamente nenhum outro animal.

Não, não, você não precisa se deitar num bloco de gelo e, principalmente, não precisa matar um pobre animal! Agora, não seria ruim se apoderar de algumas das virtudes dos ursos. Precisamos de *força* e *agilidade* para nos manter nessa sociedade produtiva e, somente com *calma* e *serenidade,* conseguiremos não ser esmagados pelo crescente stress por causa de tempo e de prazos.

Aprenda com os ursos. Assim eu fiz, e espero que você também faça, depois da leitura da minha fábula dos ursos. E pense sempre: *Vivendo como um urso se vive melhor!*

Repito de bom grado minha promessa, que muitos de vocês já conhecem dos meus seminários ou da minha página na internet: Se um dia me encontrarem sem que eu esteja com um urso, eu os convido para uma taça de champanhe! Palavra do Grande Urso!

Com saudações de urso,

www.baeren-strategie.de

Personagens

Bruno Urso
O sábio e sereno mestre

Brunilda Ursa
Sua amorosa e prestativa esposa

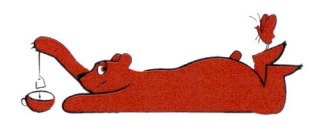

Júnior Urso
No aprendizado

Professora Doutora Eusébia Coruja
Responsável e abnegada

Beate Abelha
Assídua, mas sempre sobrecarregada

Fernando Raposo
Exigente, mas avoado

Harry Coelho
Exigente demais e agitado

João Rodolfo Alce
Acomodado e sem planos

E nos papéis secundários:
Helena Coelha, Frederica Raposa, Roberta Cerva,
bem como incontáveis animais da floresta

Convidado especial:
O Grande Urso Branco do Norte

1

Vamos buscar os ursos!

No outro lado das Montanhas Azuis, na floresta misteriosa onde nenhum homem jamais pisou, no primeiro dia do ano, o arco-íris reluzia maravilhosamente. Os primeiros raios de sol brilhavam por entre as árvores e espantavam a chuva que, a cada ano, cai sobre a terra no dia de São Silvestre. As cores vibrantes lembravam os moradores de irem ao tradicional Encontro de Ano-Novo, junto ao Grande Lago.

 A Professora Eusébia Coruja, chamada pelos seus familiares mais próximos de "profe", era novamente a primeira a aparecer no lago, em tão memorável manhã. Preocupada em não chegar atrasada, ela não conseguiu esperar a chuva parar. Sua plumagem estava molhada e cada batida de asas doía, enquanto ela voava sobre a clareira e pousava sobre o grande carvalho às margens do lago. Bocejando, esfregou os olhos, pois antes disso tinha trabalhado muito no discurso que iria proferir no Encontro de

Ano-Novo. "Venham todos para o Grande Lago!", gritou ela para a floresta. "O ano-novo já começou! Queremos ouvir tudo o que aconteceu com vocês no ano passado!"

 "Santo Urso do Mel! Quase esqueci que hoje temos ano-novo!", zumbiu Beate Abelha para a sua vizinha. De tanto trabalho, às vezes ela não sabia nem onde andava sua cabeça e esquecia até os prazos mais importantes. Até mesmo no inverno, ela e as outras abelhas do seu reino ficavam atarefadas numa árvore oca, sempre se movimentando para não começarem a passar frio. "Eu preciso participar do encontro este ano, apesar de que, com esse tempo, eu não mandaria ninguém para fora do abrigo."

Ela se despediu da rainha e logo se pôs a caminho. Na pressa trombou com alguns zangões, que reclamaram raivosamente, e voou para o ar livre. O sol da manhã estava admiravelmente agradável. "Saiam do caminho!", gritou ela para alguns corvos. "Preciso ir ao encontro! Não tenho tempo a perder!"

Na pressa, voou cegamente contra o tronco de um imenso pinheiro e cambaleou atordoada pelo chão. Enquanto ela se recompunha, gemendo, ouviu o crocitar vingativo dos corvos.

Um pouco depois, Beate sacudiu sua tontura. "Podem economizar seus comentários!", gritou para os ofensivos corvos. "Se a agenda de vocês estivesse tão cheia quanto a minha, há muito vocês já não seriam mais pretos. Já seriam tão brancos quanto os galos do mato no inverno!" Mexeu suas asas e voou, tão ligeiro quanto podia, para o Grande Lago.

 Desanimado, Fernando Raposo corria pela floresta. Ele não se deixou incomodar por um ratão raivoso, mas ficou feliz quando alcançou sua toca. Ele tivera tantos planos para esse dia, mas nada tinha dado certo. Isso o irritava, pois ele gostaria de ser tão sabido e respeitado por todos como o são as raposas em geral. Além disso, ele tinha medo de que também sua esposa estivesse novamente insatisfeita com ele. "Eu pensei que você quisesse trazer um ganso para o café da manhã", disse ela espantada, quando ele parou na sua frente de patas vazias.

Fernando coçou a cabeça e sorriu com ares de culpado. "Hum", começou ele, gaguejando. "É, eu queria fazer isso. Eu já estava na margem do rio, lá onde estão os gansos selvagens. Pois pensei que para o ano-novo deveríamos ter um ganso bem gordinho. Então enquanto espreitava os gansos, me lembrei de que ainda queria fazer um projeto para a nova entrada da nossa toca de raposas. E então me lembrei, acima de tudo o mais, do Encontro de Ano-Novo. Por isso decidi voltar correndo para casa e perguntar se você não quer ir comigo. Eu pensei comigo mesmo que seria importante se aparecêssemos lá juntos, como um casal." Ele olhou alegremente para a esposa.

"E o que teremos hoje pra comer, meu querido?", perguntou ela com severidade afetuosa. "Antes você tivesse se concentrado em uma coisa só e terminado a caçada aos gansos. Agora precisamos nos virar sem o ganso de ano-novo. Mas, vamos, eu o acompanho." Juntos deixaram a toca e correram para o Grande Lago.

João Rodolfo Alce estava chateado, deitado no capim denso, sentindo-se miserável mesmo. Ele tinha apoiado a cabeça nas patas dianteiras e olhava com olhos melancólicos os arbustos molhados. "Há anos é assim!", lamentava. "Na verdade, para mim tanto faz se é primavera, verão, outono ou inverno. Levanto de manhã, como, durmo, como, durmo, procuro comida, descanso, procuro novamente por comida e à noite vou dormir novamente. Eu deveria ser feliz, mas às vezes me pergunto se existe algo mais na vida além de comer e dormir."

Ele mordiscava uma haste de grama, esmagando-a vagarosamente com os dentes. Enquanto engolia entediado, ele viu um corvo sobre o arbusto. "O que você quer aqui?", perguntou João Rodolfo.

"Estou a caminho do Grande Lago. Você não vem para o Encontro de Ano-Novo?", perguntou o corvo.

"Oh, de tanto comer até tinha me esquecido", respondeu Rodolfo, indiferente, sem levantar a cabeça das patas. "Preciso então, bem ou mal, me mexer."

 Nessa manhã também Harry Coelho estava nervoso. Desde que sua coelha tinha fugido com as lebres, ele cuidava sozinho dos seus sete filhotes. Para simplificar, ele os tinha chamado Um, Dois, Três, Quatro, Cinco, Seis, Sete. Eram nomes fáceis de lembrar. "Sete, sente-se direito!", ralhava com o mais novo, ao voltar com as cenouras da despensa. "Seis! Olhe suas patas imundas. Quantas vezes eu já mandei você lamber as patas antes de comer?"

Harry Coelho saltitou até o seu lugar e pegou a primeira cenoura. "Bom apetite!", falou, dando início à refeição em família. O ruído das mordidas encheu a sala. "Três! Não coma assim. Tem comida suficiente!", ele advertiu o filhote cheio de vida.

Por um tempo, todos se ocuparam com as cenouras. "Dois, Três, Quatro, Cinco! Vocês fizeram seus deveres de casa, ou eu mais uma vez preciso ajudar para que consigam terminar?", perguntou Harry Coelho depois da primeira cenoura. "Vocês têm aula hoje, não? Seis, Sete, e vocês? Vocês queriam ir até o rio aprender com os castores como fazer construções seguras para o inverno! Uma aula prática a gente nunca deve perder, isso vocês sabem! Se quiserem que eu leve vocês, precisam me avisar antes."

Todos os filhotes riram, até o mais novo, que ainda não precisava ir à escola dos coelhinhos. "Eu disse algo errado, crianças?"

"Hoje é feriado!", respondeu Um. "O ano novo começa. Você já esqueceu que ontem foi a virada do ano?"

"Ano novo? Ops, então preciso ir urgentemente para o Grande Encontro no Lago. Quem vai cuidar dos pequenos? Um e Dois, vocês cuidam dos mais novos! Quatro, você se encarrega de ver se todos ganham algo para comer! Três, você pega um galho e varre a casa! E não façam bagunça enquanto eu estiver fora..."

Eusébia Coruja já estava sentada no seu galho favorito, enquanto os últimos animais chegavam. "Façam silêncio!", pediu ela aos animais reunidos. "Isso também serve pra você, Beate Abelha! Você não consegue ficar sentada quieta no seu traseiro? Olhe o Harry Coelho, ele hoje também não tem marimbondos no... aham, eu queria dizer, também ele hoje demonstra uma calma razoável."

"Sim", zumbiu Beate Abelha, "mas só porque ele está de novo com os nervos em frangalhos. Se continuar assim, os filhotes acabam com ele! Eu realmente me preocupo com você, Harry Coelho!"

"É melhor você tomar cuidado para não ficar rouca de tanto zumbir!", falou Harry Coelho. "Eu já explico. Sete filhotes são barbada para mim. É só dividir o tempo corretamente e a gente consegue! Não estou certo?"

"Com certeza", respondeu a coruja, "você tem razão, mas não vive de acordo. Você não consegue mais sair da rotina! Você está de manhã à noite em pé, sobrecarregando-se de tarefas e já não sabe mais onde anda sua cabeça! E quanto a você", olhou para a abelha, "com você não é diferente! Só que você, de tanto trabalhar, não consegue viver! Voa apavorada por aí! Vocês têm zangões suficientes para fazer o trabalho para vocês..."

"Mas", continuou ela após um momento, "de algum modo é assim com todos nós! E tem alguns que são bem piores do que Harry Coelho e Beate Abelha. Pelo menos os dois já se preocuparam com o inverno e encheram suas despensas! Enquanto que você, João Rodolfo Alce, novamente passou o verão inteiro à toa. E você, Fernando Raposo? Quando vai caçar, sempre quer pegar o ganso mais gordo. Mas tenho percebido que você, de tantas outras atividades, não tem tido tempo para a caça."

"Estamos fazendo algo errado, meus queridos, e não estou me deixando fora disso. Não tenho mais dormido o dia todo, para poder terminar o meu livro sobre a vida além das Montanhas Azuis. Isso me deixa muito estressada, além de exaurir minha saúde, visto que ainda tenho tantas coisas para resolver. Não estamos no mundo para ficarmos nos irritando o tempo todo, ou para nos matar de trabalhar, não estou certa?"

"Claro que está certa!", respondeu Fernando Raposo, "mas assim é a vida. A gente se propõe a fazer tantas coisas, mas consegue fazer só a metade!"

"Mas é que tem coisas demais pra fazer!", suspirou Beate Abelha, que já tinha saído do seu lugar e voava, zunindo impaciente, em volta de um toco de árvore.

"Não entendo o que vocês querem dizer", falou João Rodolfo Alce. "Aquilo que não consigo fazer hoje, faço amanhã." A abelha pousou nos seus chifres. "Mas você sempre tem a consciência pesada, porque empurra tudo para o dia seguinte. Você não conhece o ditado[1]: Amanhã, amanhã, só não hoje...?"

"Calma, meus queridos, peço calma!", gritou a coruja lá do seu galho. "Hoje é um dia de festa, não se esqueçam! O ano novo começa, e reunimo-nos aqui para falar sobre os problemas do ano que passou e para pensar numa forma de resolvê-los. Concluo, a partir das palavras de vocês, que *muitas coisas estão erradas na vida de vocês*. A maioria trabalha 24 horas por dia e não chega a lugar nenhum. O trabalho se acumula numa montanha gigante que nunca dominamos, e vocês quase não têm mais tempo para cuidar daqueles que amam." Ela suspirou alto. "Mas, meus amigos...", e agora sua voz já demonstrava esperança, "tenho a solução para todos os nossos problemas!"

Ela fez uma pausa e continuou: "Nas minhas longas viagens ouvi falar dos *ursos sábios*, que moram numa caverna nas montanhas e que parecem conhecer *o segredo da vida equilibrada*. Diz a lenda que eles sabem exatamente como devemos administrar o tempo para atingir nossos objetivos – e

---

1 Ditado alemão "Morgen, morgen, nur nicht heute, sagen alle faulen Leute." que significa: "Amanhã, amanhã, só não hoje, é o que dizem os preguiçosos." (N.T.)

ainda ganhar tempo para coisas novas e interessantes." Ela respirou fundo e sugeriu: "Vamos buscar os ursos! Eles sabem o que precisamos fazer para ter uma vida melhor e mais significativa."

2

A caminho

Beate Abelha, Harry Coelho, Fernando Raposo e João Rodolfo Alce faziam parte do grupo que, junto com Eusébia Coruja, deveria viajar até os ursos sábios.

"Durmam bem", recomendou a professora, "e levem provisões, para que não precisem caçar no caminho! Vamos nos encontrar ao nascer do Sol embaixo dessa árvore, combinado? Ou preciso explicar o que precisam levar para a viagem?"

Os animais foram embora animados, discutindo se os ursos sábios das montanhas realmente conheciam *o segredo para uma vida feliz.*

 "Já estamos esperando há duas horas", reclamou a coruja, indignada, "e além de você não tem ninguém aqui!" Ela olhou para João Rodolfo Alce, que estava deitado sem ânimo embaixo de uma árvore e trocava olhares entediados com uma lesma manca. "Se bem conheço Beate Abelha, ela já saiu voando faz tempo.

E Harry Coelho certamente ainda está atarefado com seus sete filhotes! E Fernando Raposo decerto ainda tentou rapidamente caçar um ganso além de querer trazer a família." Ela olhou para o Sol nascente. "E você só deve ter sido pontual porque passou a noite toda aqui deitado, digerindo o jantar! Venha, vamos buscar os outros!"

"Se você quer assim..." João Rodolfo Alce foi convencido. "Um pouco de movimento decerto não vai me fazer mal..."

"Ah, aqui estão vocês finalmente!" A voz de Eusébia Coruja o salvou. "Eu bem que pensei que estariam perambulando por aí! A gente tem que se preocupar sozinha com tudo!" Ela suspirou aflita quando viu o semblante concentrado de Fernando Raposo. "Diga, você ainda queria aproveitar pra caçar um ganso?" E voltou-se para a ativa Beate Abelha que zunia sem parar. "E você com certeza queria dar uma de esperta e já está voando por aí desde ontem à noite? Por que você está sempre com tanta pressa? *Calma e tranqüilidade* parecem ser palavras desconhecidas pra você."

Beate Abelha batia as asas e perguntou agitada: "O que é? Pelo que estamos esperando? Quando vamos partir?"

Harry Coelho já estava na linha de saída quando os outros animais chegaram. Ele tinha ficado acordado metade da noite porque um dos seus filhotes estava gripado, mas agora ele insistia em partir. "A caminho! Precisamos ir."

Como havia nevado durante a noite, eles avançavam devagar. João Rodolfo Alce a cada passo afundava na neve, enquanto Fernando Raposo espreitava o tempo todo por alguma caça. Somente Harry Coelho ia tão rápido, com seus saltos em ziguezague, que mal tocava na neve.

Eusébia Coruja lutava contra o vento, apesar de não deixar que os outros percebessem. A cada batida de asas o frio gelado passava pelas suas penas. "Se continuar assim, vou pegar um resfriado!", suspirou ela. Mas juntou todas as suas forças e ganhou altura, voou sobre a elevação mais próxima e viu atrás dela as Montanhas Azuis. "Logo chegaremos!", gritou ela para baixo.

 Harry Coelho não ouviu. Ele tinha corrido tão rápido que perdera os outros animais de vista. Agora estava parado entre as colinas, perturbado. Há pouco seus parceiros de viagem ainda estavam atrás dele. "Olá? Onde estão vocês?", chamou ele com voz rouca. Nenhuma resposta.

Ele voltou alguns passos. Correu através dos campos até uma depressão e ficou parado sem saber o que fazer. Todos pareciam ter sido engolidos pela terra. Desapontado, deixou as orelhas caírem. "É o que eu digo, ninguém consegue acompanhar a velocidade de um coelho", suspirou.

Aos poucos o cansaço começou a tomar conta dele também. Enquanto corria adiante, seus pulos não eram mais tão lépidos e impetuosos como tinham sido no início da manhã, e, a cada pouco, ficava preso na nevasca. Ele parou esbaforido. "Acho que lentamente estou ficando velho!", suspirou. Antes de se arrastar adiante, olhou para o céu e sentiu flocos de neve no rosto. Ele se envergonhou dos seus movimentos lerdos e ficou feliz quando alcançou algumas árvores. "Uma pequena soneca, e já estarei em forma." Ele consolou a si mesmo. "Daqui a pouco eles devem aparecer..."

Poucos minutos depois um zumbido alto o acordou. Harry Coelho abriu os olhos e viu Beate Abelha diante dos seus olhos. "De onde vem você?", perguntou ele espantado. "Você também se perdeu?"

"Estou feliz em encontrá-lo!", exclamou a abelha, aliviada. "Eu já tinha perdido as esperanças!" Ela pousou por alguns instantes no pêlo dele e logo zumbiu novamente. "Aqui em cima está muito frio! Se eu fechar as asas, eu congelo! Eu daria tudo por uma sonequinha..."

"Fique sentada no meu pêlo, que você se aquece! Embaixo do braço, ali é mais quentinho." Beate Abelha pousou cuidadosamente no pêlo dele. "Bem aí. Não tenha medo, não vou esmagar você! Agora, deixe o ferrão guardado, ouviu?"

"Agora chega!", gemeu João Rodolfo Alce, ao chegar na beira da floresta. "Até aqui e nada mais." Ele se deixou cair no chão e ficou deitado na neve, no meio das árvores.

"Os ursos", lembrou a coruja. "Já esqueceu?"

"Ah, sim, os ursos", acenou indiferente. "Tanto faz! Primeiro vou dormir um pouco."

Fernando Raposo juntou-se a ele e observou suas patas, que estavam feridas por causa da longa marcha na neve.

"Por que minhas patas doem tanto? Eu preferiria correr na frente e ser o primeiro a estar com os ursos. Então já poderíamos ir começando, até que os outros chegassem."

Enquanto pensava nisso, de tanto esgotamento caiu em cima do alce que roncava, e pegou num sono profundo. A coruja, desesperada, sacudiu a cabeça. Ela cobriu os dois adormecidos com alguns ramos para protegê-los do frio.

"Vou pedir aos ursos que enviem imediatamente uma tropa de primeiros socorros! Ela poderá cuidar de vocês. A caverna não pode ficar muito mais longe. Me dêem uma hora, tá?"

Eusébia Coruja voou adiante e não percebia que a batida das suas asas estava ficando cada vez mais lenta. Ela estava muito preocupada com os amigos, principalmente com João Rodolfo Alce, que estava muito esgotado, mas também com Beate Abelha, que não suportava o frio. "Eu deveria ter vindo sozinha", reconheceu tarde demais.

Mas ela mesma também sentia cada vez mais que as forças a deixavam; mais uma vez ela tinha passado o dia em claro. "Eu realmente deveria me conceder um pouco de descanso", disse para si mesma, "mas agora preciso agüentar." Ela voou somente mais alguns poucos metros e quase não conseguia mais enxergar. "Só mais alguns metros!", ela dizia desesperada, "só mais alguns metros..." Então tocou no chão e caiu na neve.

3

Na caverna dos ursos

Ao acordar, Eusébia Coruja viu-se numa grande caverna. Ela repousava sobre um grosso tapete de grama e o lugar estava agradavelmente quente apesar de não haver fogo. "Beate Abelha! Harry Coelho! Fernando Raposo! João Rodolfo Alce!", chamou os amigos pelo nome. Ela pulou do leito e sentiu que uma pata peluda a empurrava de volta.

 "Sempre com calma!", soou a voz grossa de um enorme urso, que estava sentado ao seu lado com olhos vivos e um sorriso tranqüilizador. "Seus amigos estão todos aqui! Nós os encontramos e os trouxemos a tempo para nossa caverna! Não aconteceu nada com eles. Aliás, vocês sabem quanto tempo dormiram?"

"Quanto tempo?", perguntou a coruja curiosa.

"Três dias e três noites", respondeu o urso marrom e peludo. Havia um sorrisinho nos seus olhos de botão. "Mais alguns dias e vocês teriam hibernado, como os ursos!"

"Como foi que nos achou?"

"Agradeçam à minha esposa Brunilda", respondeu o urso apontando para a esposa, que baixou os olhos com modéstia ao ouvir seu nome. "Ela tem o sono leve. Mesmo no inverno, quando a maioria dos ursos dorme como uma marmota." Ele não conseguiu disfarçar uma risada pela brincadeira. "Ela acordou no meio da hibernação e despertou a mim e ao nosso filho Júnior." Ele apontou para o urso de pernas compridas, focinho pontudo e engraçado, e dentes de um amarelo brilhante, que estava encostado na parede da caverna, perto da entrada, coçando as costas com um galho fino.

Brunilda tomou a palavra: "Eu vi vocês no sonho. Eu sonho freqüentemente, vocês sabem, mas dessa vez o sonho foi muito claro e tão maluco que só podia ser verdade." Ela sorriu matreira. "Bruno não queria acreditar que vocês tinham chegado." Ela olhou para o marido. "E então encontramos vocês lá fora na neve!"

"Então vocês também com certeza sabem por que viemos", falou a Professora Coruja, esperançosa. "Vocês vão nos ajudar?"

 Bruno Urso concordou rosnando. "Nós já começamos!" Ele apontou para as anotações na parede úmida da caverna. "Vocês falaram muito durante o sono e nos revelaram exatamente o que lhes falta e o que esperam da vida. Nós anotamos tudo!" Bruno Urso deu

um sorriso malandro, enquanto decifrava, de longe, os escritos. "Você, querida coruja, falou no sonho sobre seus dias cheios, e que simplesmente não consegue fazer tudo da maneira certa. Você gostaria de dormir bastante, descansar e reabastecer as forças. Além disso, gostaria de ter mais tempo para si mesma, e para aquilo que é importante para você. E desejaria não ficar só correndo atrás do que os outros querem de você."

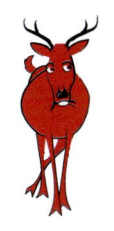 "João Rodolfo Alce", continuou ele voltando-se para o alce, "você sonha em ir dormir à noite com a sensação de ter realizado algo importante. Que o dia não tivesse passado, e você apenas tivesse comido o tempo todo. Ou seja, você gostaria de ter mais tempo para coisas mais importantes."

 "Diferente de você, Harry Coelho. Você falou no sonho que assumiu tarefas demais, e não sabe como dar conta de todas elas. Isso começa no âmbito da vida particular. No seu sonho, todas as crianças ajudavam em casa, e você não era mais o escravo da família."

 Bruno Urso dirigiu seu olhar para Beate Abelha. "Nossa abelha se aborrece que sua vida inteira seja feita apenas de trabalho. Não é verdade, querida abelha? Você sente falta de se encontrar mais

com as amigas e passar mais tempo com elas. Você falou sobre isso no sonho. E mais, você não teria nada contra o fato de ter mais tempo para as coisas belas da vida."

 "E você, Fernando Raposo, contou no sonho sobre o desejo de ser aquela raposa esperta, que todos vêem em você. Que você consiga transformar suas idéias ambiciosas em ações. E que você não se perca sempre nos seus grandes planos, ficando irritado consigo mesmo."

Bruno Urso sorriu para todos. "Estou certo, meus amigos?"

"Claro que você tem razão", responderam os animais em coro.

"Viram?", disse Bruno Urso. "Então o primeiro passo já foi dado! Quem sabe com clareza o que deseja para sua vida, já deu *o primeiro passo para uma vida feliz e realizada*! Vocês deveriam gravar bem na memória o que sonharam enquanto dormiam" Voltou-se para a esposa. "Mas agora devem estar com fome! Brunilda, traga comida para os nossos hóspedes."

Eusébia Coruja e seus amigos sentaram-se em semicírculo na caverna, e degustaram uma deliciosa refeição. "Nada mal. Faz tempo que não como nada tão gostoso", elogiou o raposo, no que os outros concordaram, acenando.

Depois da refeição, Bruno Urso deu um rosnado agradável e coçou-se embaixo do braço esquerdo. "Ao trabalho", iniciou a conversa. "Qual é o problema de vocês?"

A coruja olhou para seus amigos que, depois da refeição festiva, estavam prontos para o trabalho. "Não temos controle sobre nossas vidas, Bruno. Há anos trabalhamos feito loucos, mas não vamos a lugar nenhum. Estamos fazendo algo errado, senão as coisas estariam melhores. E não pode ser por preguiça."

Bruno Urso tomou da água fresca e limpou o focinho. "Conheço o problema pelo que meus avós contavam", respondeu ele. "Há muito, muito tempo nossos antepassados tiveram as mesmas dificuldades. Trabalhavam de manhã à noite, e tinham sorte quando não eram devorados pelo tigre do dente de sabre! Naquela época, Iglo inventou a hibernação. Iglo é o nome do Grande Urso Branco das nossas lendas! Um urso polar, três vezes maior do que eu e no mínimo três vezes mais pesado! Desde essa época, desenvolvemos o nosso corpo de tal maneira que podemos descansar a maior parte do inverno, e temos fome somente no início da primavera."

"Não conhecemos a hibernação", lastimou a professora Coruja, "e também não conseguimos armazenar tanta gordura. Mas as nossas lendas dizem que nas Grandes Montanhas Azuis moram ursos sábios, que sabem como organizar a vida e dividir o trabalho, para viver da melhor forma possível, com saúde e sem preocupações. Por isso viemos. Vocês irão transmitir sua sabedoria aos animais da floresta?"

"Sim, com prazer", respondeu o urso, "vamos começar já com a primeira lição: se quiserem viver melhor e mais felizes, precisam primeiro ter clareza sobre o que querem alcançar na vida. Quais são os seus sonhos, seus desejos, suas metas? Pode parecer estranho, mas vocês precisam de uma *perspectiva a longo prazo: uma visão de vida*. Pensem grande e tenham a audácia de tentar alcançar as estrelas!"

"Nós ursos aprendemos a planejar nossa vida. Quero fazer uma brincadeira com vocês. Simplesmente fechem os olhos e imaginem onde estarão daqui a cinco anos. Como vivem, o que fazem, como estão. Prontos?" Todos os animais concordaram acenando com a cabeça. "Ok, então lá vamos nós!"

 Eusébia Coruja via-se sentada no seu galho favorito, sua plumagem um pouco amarrotada, e os olhos não tão aguçados como antigamente. Mas ela estava cheia de disposição e no geral sentia-se saudável, pois estava conseguindo dormir o suficiente. Em vez de passar o dia todo sem dormir, fazer hora extra e trabalhar demais, recusava todas as consultas, pedidos e desejos adicionais e urgentes que não cabiam mais na sua agenda. Em primeiro lugar estavam agora suas próprias prioridades e tarefas, que ela, como antes, resolvia com o maior cuidado, mas sem ser perfeccionista até o último detalhe. Nem todos os animais tinham se acostumado que ela não estava mais sendo tão devotada a eles, mas isso não diminuía sua alegria em poder estar fazendo algo pela sua própria qualidade de vida.

 Beate Abelha imaginava estar sentada numa esplêndida flor selvagem colhendo seu néctar

substancioso. Ela estava aproveitando o primeiro sol da primavera. Seu trabalho, a colheita do mel, ainda lhe dava grande prazer. Isso acontecia porque seu horário de trabalho estava exatamente determinado, e ela se dedicava a ele com animação. Pois sabia que depois haveria tempo de sobra para encontrar as amigas e, com elas, fazer corrida de vôo ou irritar os zangões.

 Fernando Raposo não conseguia se decidir; tinha tanta coisa que ele queria fazer! Finalmente ele decidiu concentrar-se nas três coisas mais importantes e imaginou: em cinco anos estaremos vivendo numa toca maior, a maior toca de raposas de toda a floresta. Todos os dias haverá um ganso gordo na mesa, para que minha esposa e eu tenhamos sempre uma boa refeição, e eu serei uma raposa tão astuta e esperta que todos os outros animais da floresta me respeitarão.

 Harry Coelho viu-se tranqüilamente sentado na cozinha. Seus dois filhotes mais velhos, já fora de casa, tinham suas próprias famílias. Três tinha aprendido a cozinhar e fazia todos os dias um novo prato à base de cenouras. Quatro e Cinco ajudavam nas tarefas da casa, Seis levava todos para praticar esporte para que Harry também tivesse tempo para si mesmo. Sete já ia para a escola e até fazia sozinho suas tarefas de casa. De noite eles se

aninhavam confortavelmente no chão e contavam histórias. "Sim, é assim que vai ser", pensou ele, "serei um cara bem calmo, e não ficarei correndo atrás de inúmeras atividades diferentes."

 João Rodolfo Alce estava deitado sobre as quatro patas e sorria para si mesmo. "Eu sempre vou ter o que comer, mas vou organizar o meu dia de modo a não passar o tempo todo comendo. Vou finalmente fazer as coisas que me proponho a fazer", pensava ele satisfeito. "Então também terei tempo para outras coisas. Sem stress. Sem pressão. Talvez uma pequena excursão para além da floresta? E finalmente também vou constituir uma família, talvez até com aquela bela cerva que tem chamado a minha atenção há algum tempo. Hum, isso seria legal..."

"Então, lentamente, um, dois, três, vamos abrir os olhos... estamos novamente no presente, e eu lhes pergunto: Vocês querem viver daqui a cinco anos da maneira que estavam imaginando?"

"Simmm!", veio a resposta numa só voz.

"Então já é hora de começarmos com as aulas!", disse Bruno. "Eu já escrevi a primeira lição no quadro, para que vocês também a ensinem aos outros animais. O que estamos esperando, meus amigos?"

PRIMEIRA SUGESTÃO DE URSO

Escreva seu projeto de vida!

Tente alcançar as estrelas com as duas patas.

**Crie uma visão e anote exatamente
como será a vida que você deseja ter.**

**Formule, a partir disso, metas de vida motivadoras
que você realmente consiga atingir.**

**Estabeleça metas concretas para as etapas,
para você não se perder no caminho.**

4

Os ursos dão a largada...

Nos campos em cima das montanhas já despontavam as primeiras flores silvestres, enquanto os ursos acompanhavam os animais da floresta para o vale. O sol tinha espantado a neve e somente na sombra das montanhas ainda reluzia o branco. O chão estava úmido e enlameado e cedia sob suas patas. "Fiquem bem atrás de mim!", avisou Bruno Urso, "senão vocês vão acabar escorregando!"

Os ursos andavam muito devagar na opinião de Harry Coelho, que passou correndo por eles em ziguezague, afastou-se da trilha estreita e afundou até a barriga na lama. "Eu sei, eu sei", falou antes que viesse a repreensão do urso, "os primeiros serão os últimos. A história da lebre e da tartaruga eu já sei de cor." Bruno Urso o ajudou a voltar para o caminho e riu com ar maroto. "Enquanto você não ultrapassar a si mesmo, está tudo bem."

Na clareira do Grande Lago, os viajantes foram recebidos com entusiasmo. Todos os animais vieram dar as boas-vindas aos sábios ursos. Os alces, os javalis, o texugo, a fuinha, a lontra. As corujas, os pica-paus, as águias, os gaviões, os falcões. As raposas, os coelhos e os gansos. As abelhas, as vespas, e as libélulas. As cobras, as minhocas, os besouros, e até os mosquitos. Inclusive alguns peixes esticavam a cabeça para fora do lago. Como sempre acontecia em tais encontros, todas as desavenças ficavam esquecidas. Nessa regra, até mesmo os lobos se enquadravam.

A Professora Eusébia Coruja voou para o seu galho e piscou para as lesmas na grama verde-clara. Esperou até que todos se acalmassem, e exclamou: "Escutem, meus amigos! Nós conseguimos! Os ursos vieram para nos ajudar a *levar uma vida melhor e mais realizada.* Cumprimentemos Bruno Urso, sua esposa Brunilda e seu filho Júnior! Bem-vindos ao nosso meio, queridos ursos!"

Aplausos estrondosos aqueceram os corações dos ursos. Bruno Urso não conseguia disfarçar seu orgulho e agradecia com as patas erguidas. Brunilda ficou corada e baixou a cabeça, encabulada. Júnior ficou todo exibido diante dos aplausos e sorria de orelha a orelha. Ele só não mostrou alegremente os caninos pontudos porque recebeu um chute ameaçador da sua mãe. "Vamos com calma!" Bruno Urso tentou diminuir o entusiasmo. "Nós ainda não fizemos nada! Mas vamos nos esforçar para não desapontá-los! Palavra de honra do Grande Urso!

Vamos transmitir aos animais que nos procuraram a sabedoria que herdamos dos nossos antepassados, especialmente de Iglo, o Grande Urso Branco. Em todos os lugares da floresta haverá pequenos quadros pendurados nas árvores, com os nossos princípios, para que vocês não os esqueçam. O pequeno urso vermelho que aparece rindo em cada quadro vai lembrá-los."

 Pouco depois os ursos levaram os animais em direção ao sul e seguiam pela margem de um rio. Havia uma curva nele e o caminho através da floresta seria bem mais curto.

"Isso eu não compreendo", afirmou Harry Coelho, para quem era visivelmente difícil diminuir o ritmo. "Eu penso, vocês são tão sabidos! Por que então usam o caminho mais longo? Através da floresta iríamos mais ligeiro! Devo provar isso a vocês?"

"Você quer parar na lama?" Bruno Urso mostrou seus dentes muito brancos. "Nem sempre o caminho mais curto é também o mais rápido. Às vezes um desvio é melhor. Na floresta teríamos que lutar contra a vegetação molhada. Aqui temos uma trilha e, se tivermos fome, posso pegar alguns peixes no rio."

"Também podemos ver a coisa sob esse ângulo", admitiu Harry Coelho. Ele cedeu de má vontade, pois gostava de ter sempre a última palavra. "Mas vocês ainda não me viram correndo! Uma vez a caminho, passo voando pelo mato rasteiro."

"Você já ouviu falar na calma dos ursos?", respondeu Bruno Urso, sorrindo. "Você certamente não conhece o ditado preferido do Grande Urso Branco:"

Na calma reside a força.

"Com ansiedade você não vai muito longe. Quem está sempre com todo o gás, uma hora corre de encontro a uma parede. Ouvi dizer que você tem sete filhotes."

O rosto de Harry Coelho assumiu uma expressão atormentada. "Eles me fazem correr todos os dias! Todos os dias ação total! Às vezes nem sei onde anda a minha cabeça! O primeiro não tem vontade de se levantar da cama de manhã, o segundo quer matar aula, o terceiro deixa as coisas jogadas por todo lado, o quarto preciso levar para a ginástica, o quinto está doente e precisa de um chá de ervas, o sexto... é de chorar!"

"Porque você lida com isso de maneira errada", instruiu Bruno Urso. Ele ficou parado e franziu a testa, antes de continuar: "Quero lhe contar uma história, que nos foi contada pelo Grande Urso Branco. Nas suas longas peregrinações, ele encontrou uma ursa, que tinha que cuidar dos filhotes do clã inteiro, assim como você, e reclamava que não tinha mais tempo para ela mesma. 'Meu marido vai caçar, ele tem uma profissão', relatou. 'Eu tenho várias! Como *cozinheira* preparo todos os dias a comida. Como *faxineira* passo o tempo todo com uma vassoura ou com um pano de limpeza na mão. Sou *enfermeira*, porque sempre tem alguém doente na família. Sou motorista, quando levo o meu mais velho para a ginástica. E de noite, quando meu marido volta da caçada, viro um *ursinho de pelúcia*. Como posso conciliar todas essas profissões?'

O Grande Urso Branco, num toque de mágica, fez aparecerem alguns gorros de pele. Ele colocou um após o outro sobre a cabeça da ursa. 'Cada gorro representa uma profissão', disse ele, 'o primeiro para a cozinheira, o segundo para a faxineira,...' Quando ele terminou, a ursa tinha vários gorros na cabeça e precisava tomar cuidado para que eles não caíssem. 'A solução do seu problema é bastante simples', recomendou o urso. 'Você tira um gorro após o outro e os coloca na cabeça dos seus filhotes. O mais velho vai sozinho para a ginástica, outro ajuda na cozinha, na limpeza vocês se revezam... viu?, e agora você só tem mais dois ou três gorros na cabeça.'"

Harry Coelho pensou um pouco e abriu um grande sorriso. "Ei", disse ele, "eu ainda não tinha visto a coisa dessa maneira. Você tem razão, eu mimei as crianças demais! Quem disse que eu preciso fazer todo o trabalho?"

Ele cutucou o pêlo fofo de Bruno Urso com a pata, brincando, e agradeceu: "Esse Grande Urso Branco era um cara sabido!"

SEGUNDA SUGESTÃO DE URSO

Tire os chapéus inúteis!

Use sua inteligência de urso e não
perca seu tempo em papéis secundários.

Tire os chapéus quando eles não
estiverem claramente levando você para
mais perto dos seus objetivos.

Pise no freio; assim você
consegue se manter no caminho.

Aquele que representar
o papel principal na sua própria
vida é uma estrela.

5

Rif e Raf, os ladrões de tempo

Logo de manhã, os ursos esperavam numa clareira. Quase todos os animais da floresta vieram para ouvi-los, inclusive João Rodolfo Alce.

"*O tempo é o bem mais precioso que possuímos*", iniciou Bruno Urso. "A maioria dos seres vivos se esquece disso. Não vivemos para sempre! E precisamos de muito tempo para transformar nossos objetivos em realidade. Não podemos nos dar ao luxo de perder tempo com coisas inúteis. E não estou me referindo ao papo com o vizinho, ou a um momento de folga no campo. Estou falando do tempo que nos é roubado de fato. Pelos ladrões de tempo!"

"Ladrões de tempo?!", gritaram os animais da floresta assustados. A coruja se fez de porta-voz de todos: "Nunca ouvimos falar nisso! Existem mesmo seres que nos roubam o tempo? Como eles se parecem? Como podemos reconhecê-los?"

"Não é fácil reconhecê-los. Eles podem aparecer em todas as formas imagináveis, e ter os mais diversos nomes. Usem sua inteligência animal", sugeriu Bruno Urso, "e os reconhecerão imediatamente. Professora Coruja, quando foi a última vez que alguém passou por você e lhe contou algo que você nem queria ouvir?"

A coruja refletiu: "Isso acontece quase todas as noites. Muitos animais me param e fazem perguntas idiotas que, com um pouco de raciocínio, eles mesmos responderiam. Lembro-me de uma fuinha, que constantemente sacudia minha árvore para que eu olhasse seus malabarismos. Se bem me lembro, a maioria das conversas que tenho durante a noite é bastante superficial", respondeu ela finalmente.

"E você, Beate Abelha?" Bruno Urso voltou-se para a abelha que zunia. "Você também não tem conhecidos que roubam o seu tempo? Tagarelas ociosos, que ficam em volta da sua colméia e que não querem deixar que você faça o seu trabalho?"

"Todos os seres machos do nosso povo", respondeu Beate Abelha, para o divertimento de Eusébia Coruja. "Nossos zangões passam o dia inteiro voando no meu caminho! Falam sobre coisas sem importância e só pensam na hora de encher a barriga. Eles simplesmente não vivem tempo suficiente para ter um objetivo certo na frente dos olhos. Aquele jogo dos cinco anos você não precisa fazer com aqueles caras, isso não lhes interessa de jeito nenhum!"

"Como é com você, Harry Coelho?"

"Ladrões de tempo? Minha família inteira é composta por ladrões de tempo. Em cada canto tem um gritando e querendo algo de mim! E quando finalmente todos estão na cama, batem na porta, e um vendedor ambulante quer me vender algo. E eu não consigo mandá-lo embora."

"Isso eu conheço bem", suspirou Fernando Raposo. "Eu não consigo perder nenhuma oportunidade de encontrar animais importantes. Nunca se sabe se alguém que a gente encontra não pode ser útil para a gente algum dia. Dessa maneira corro de um compromisso a outro e, no fim, nada resulta disso."

Bruno Urso disfarçou o sorriso e voltou-se para João Rodolfo Alce: "Você ainda não falou nada."

"Eu sou o meu próprio ladrão de tempo", confessou o alce, que tinha ficado mais pensativo. "Às vezes eu me proponho realmente a fazer alguma coisa. Mas então o dia escorre por entre os meus cascos. Em resumo, eu deixo para depois. E zás, o dia se foi e não fiz nada além de comer."

"Quem reconhece seus erros está no melhor caminho para evitá-los no futuro", respondeu Bruno Urso generosamente. "O importante é vocês reconhecerem os ladrões de tempo nos seus diversos disfarces! Cada minuto que eles roubam vai fazer falta na vida de vocês! Pensem nisso quando baterem na sua porta ou quando alguém quiser algo de vocês."

Bruno Urso estava parado em cima de uma colina, e olhava duvidoso para João Rodolfo Alce, que pastava. O alce andava orgulhoso como um bailarino sonhador pela clareira, mordiscava aqui uma folha, ali um tufo de grama, e parecia estar satisfeito consigo e com o mundo. O sol iluminava seu pêlo macio e sedoso.

"Bem, não sei", falou Bruno Urso para sua esposa ursa, "com ele, parece ser tempo perdido! Olha como ele anda orgulhoso pela clareira! Ele vive alegremente o dia de hoje, e depois fica insatisfeito, porque de tanto comer não consegue fazer mais nada. O que fazemos com ele?"

Brunilda inclinou a cabeça para o lado, como sempre fazia quando queria dar um conselho ao seu marido Bruno. "Isso seria um caso para o nosso Júnior. Ele poderia gastar seus neurônios com esse caso!"

"Eu já tinha pensado nisso, Brunilda! Você acha que ele, nosso Júnior, estaria pronto? Ele precisa primeiro ganhar experiência. Será que ele já está maduro para ir em frente com esse alce..."

"Dê uma chance a ele, Bruno!", pediu Brunilda. "Sem um desafio ele não vai conseguir provar sua capacidade. Deixe-o encarregar-se desse alce sonhador! Se ele conseguir convencê-lo, retornará como um urso adulto para as nossas Montanhas Azuis."

Bruno Urso olhou para João Rodolfo Alce, sacudiu mais uma vez a cabeça e concordou. "Tudo bem! Estou ansioso para ver se ele consegue. Ele deve começar imediatamente!"

João Rodolfo Alce arrancava uma touceira resistente da grama farta e mastigava prazerosamente um talo após outro. Embora há tempo quisesse conhecer outros lugares e procurar uma pastagem nova, dia após dia não conseguia se mexer para tomar alguma iniciativa. "Amanhã é outro dia", pensava ele consigo mesmo. Dos ursos e seus conselhos, já tinha quase se esquecido.

Ao trotar adiante, descobriu repentinamente, na beira da floresta, um dos quadros que Bruno Urso tinha afixado em algumas árvores. Ele reconheceu o urso vermelho que reluzia no quadro. *Concentre-se nas coisas importantes da sua vida profissional e particular,* estava escrito lá, em letras vermelhas. "Sim, e o que mais?", disse ele em voz alta. Caminhou vagarosamente pela beira da floresta e encontrou outro quadro. "Ainda bem que isso aqui não é um parque nacional", pensou ele com reprovação, "senão esse urso certamente não poderia ficar pendurando quadros!" Apesar disso, ficou curioso e se aproximou. *Não deixe que os ladrões de tempo lhe preguem uma peça.* O alce pensou no sentido da frase, não chegou a conclusão nenhuma, e seguiu, sacudindo os ombros.

Algumas árvores adiante, Júnior Urso esperava, tranqüilamente, de braços cruzados e com um talo de grama entre os dentes afiados. "Olá", ele saudou o alce. "O que você está fazendo aqui? Os talos de grama são gostosos?"

"E como", respondeu João Rodolfo Alce com uma certa arrogância. "Se estou bem lembrado, vocês ursos também comem um bocado. Olhe só para você!"

Júnior sorriu. "Mas que ignorância! Nós somos constituídos de forma diferente. Armazenamos gordura embaixo do pêlo, para não ter fome enquanto hibernamos no inverno. Nossa barriga é como uma despensa! Por outro lado, a sua gordura some quando chega o inverno!"

"Você não é um pouco jovem demais para falar dessa forma intrometida?", perguntou João Rodolfo Alce, condescendente. O jovem urso estava lhe dando nos nervos. "Faço parte do time", insistiu Júnior, "e tenho a incumbência de lhe dizer que você não está cumprindo o trato. Todos os animais da floresta prestam atenção nos quadros que o meu pai pendurou. Você passa por eles como se estivesse escrito 'Caminho dos pedestres' ou algo parecido."

João Rodolfo Alce já queria dar uma resposta ríspida, pensou melhor e mudou e idéia. Quem sabe esse sabichão some, se eu concordar com ele. "Por mim, tanto faz. Vou olhar os quadros com mais atenção. Satisfeito?"

Júnior concordou, indiferente. "Ok. Mas vou voltar amanhã e verificar se você olhou mesmo. Se isso não tiver acontecido até o meio-dia, vou ter que pensar em algo, entendido?"

Por um breve momento João Rodolfo Alce realmente teve a intenção de cumprir a ordem de Júnior. Mas mal o jovem urso tinha sumido e ele dado três passos pelo campo, que um som maravilhoso fez com que esquecesse de tudo. Chegando mais perto, viu que um pássaro estava sentado num galho de pinheiro, na altura dos seus olhos, e tocava uma flauta.

"Olá, meu amigo", cumprimentou o pássaro. Ele tinha uma plumagem macia como seda, que reluzia em várias cores. Sua voz clara lembrava o cantar do rouxinol. "Fique um pouco comigo e escute o som dessa flauta preciosa!"

Já que João Rodolfo Alce adorava uma boa música, ele nem parou para pensar na sugestão do pássaro colorido. "Com prazer, meu pequeno amigo", respondeu ele e deixou-se cair na grama alta para ouvir a música.

O pássaro tocava e tocava, enquanto João Rodolfo Alce deixava-se absorver totalmente pela música e cantarolava o refrão baixinho. A melodia afugentou a lembrança de Júnior e sua advertência, e de tanta empolgação ele esqueceu até mesmo de comer.

Quando a última nota da música soou, ele abriu lentamente os olhos e disse: "Você toca muito bem. Mas por que você mesmo não canta, já que tem uma voz tão bonita? Por que você precisa dessa preciosa flauta?"

O pássaro pôs a flauta no galho, contemplando-a. "Porque quero que você e seus amigos também consigam produzir sons maravilhosos. Se você tiver essa flauta, você cantará mais bonito do que qualquer rouxinol."

Nesse momento qualquer outro já teria desconfiado. Mas o alce estava tão enfeitiçado pela música que nem em sonho pensava que a bela plumagem do pássaro pudesse ser um disfarce. Ele imaginava que a cerva, pela qual estava apaixonado, ficaria impressionada quando ele a envolvesse com a música maravilhosa. "Quanto você quer pela nobre flauta?", perguntou ao pássaro colorido.

"Não vamos falar em dinheiro", respondeu o pássaro. Ele abriu as asas e deixou seu ouvinte contemplar sua plumagem colorida, o que raramente deixava de fazer efeito. "Escute mais uma das minhas belas músicas!" E antes que o alce pudesse responder, ele pegou a flauta e tocou uma música tão encantadora que deixou João Rodolfo Alce de coração mole.

O pássaro terminou de tocar a melodia e esperou pelo momento certo. Sedutoramente sugeriu: "Um pouco de tempo não é pedir demais por essa flauta valiosa, não é?"

"O que você quer dizer com isso?", perguntou João Rodolfo Alce.

"Bem", continuou o pássaro, "não quero ser pago com pinhas ou outras coisas assim. Eu preciso de tempo, você compreende? Minha sugestão: você me dá um mês do seu verão, e eu lhe dou a flauta em troca. Isso não é uma boa oferta?"

João Rodolfo Alce pensou com esforço. No fundo da sua consciência soava o alerta dos ursos sobre os ladrões de tempo, mas ele não queria pensar nisso agora. Um mês não era muito e ele não faria nada mesmo além de comer. "Sim, é um negócio justo", respondeu ele. "Me dê a flauta e você terá o seu tempo."

Enquanto isso, Júnior Urso sentiu-se incomodado por um mau pressentimento, de modo que voltou antes do combinado para junto de João Rodolfo Alce. Ele tinha acabado de alcançar o topo da colina quando viu, para seu horror, que o pássaro colorido entregava a flauta ao alce. "Não! Não faça isso, Rodolfo! Ele é um ladrão de tempo! Ele só quer roubar o seu tempo! A flauta não vale nada!", rosnou ele tão alto quanto podia.

Mas já era tarde demais. O pássaro transformou-se num gigante horroroso e batia as mãos enormes, uma na outra. Sua figura dissolveu-se no ar, e com um ruído alto, a natureza se transformou. O sol que raiava sobre a campina transformou-se numa chuva de final de verão. Pesadas gotas caíam e em poucos segundos transformavam o chão num deserto de lama. "Veja o que você aprontou!", xingou Júnior Urso. "Agora você perdeu um mês precioso! Nós todos perdemos um mês precioso! E isso só porque você caiu no conto de um miserável ladrão de tempo! Não se deve comprar nada de vendedores ambulantes, você não sabia disso? Ainda mais quando eles têm uma plumagem tão bonita! Tipos assim só lhe roubam o tempo!"

O alce ficou um instante pasmo, parado na chuva, olhando para a flauta supostamente preciosa que estava jogada na lama à sua frente. Ele soprou cuidadosamente e recuou assustado quando ela emitiu um grasnar horrível. Após um tempo ele tentou novamente e mais uma vez ouviu o estranho som. "O pássaro me enganou!", disse ele, irritado. "Ele me logrou direitinho!"

"Ah sim, isso ele conseguiu!", respondeu Júnior, furioso. "Espero que você entenda agora por que deve tomar cuidado com os ladrões de tempo! Quando você cede uma vez, eles o perseguem até no sono!" Então ele repetiu as frases que tinha aprendido com o pai: *Você não deve se deixar desviar da sua tarefa principal!* Principalmente por supostos amigos, que querem enganá-lo! *Ande sempre no seu caminho!*" Ele correu para o vale e parou na frente de João Rodolfo Alce. "Você não percebe o que fez? Agora meus pais vão pensar que fui muito fraco para lidar com você. Eu sou uma negação!"

João Rodolfo Alce reconheceu que tinha cometido um grande erro e baixou a cabeça, envergonhado. "Vou consertar tudo, Júnior! A partir de amanhã, tudo será diferente. Dê-me um chute no traseiro, para que eu não esqueça nunca mais a lição! Vamos!"

"Com prazer!", alegrou-se o jovem urso. Ele tomou um grande impulso e deu um chute tão forte no alce, que este voou alguns metros pela vegetação molhada e foi parar na grama de uma clareira lá longe.

Ali pastava Roberta Cerva, que olhou curiosa para ele, com seus belos olhos.

TERCEIRA SUGESTÃO DE URSO

Aproveite seu tempo precioso!

Não deixe que os ladrões de tempo
lhe preguem uma peça.

Os ladrões de tempo são como o lobo
em pele de cordeiro – só os reconhecemos
depois de cair na sua armadilha.

Seu tempo é precioso demais
para desperdiçá-lo.

Concentre-se nas
coisas importantes da sua vida
profissional e particular.

6

As corujas também precisam dormir

A professora Eusébia Coruja estava sentada num galho da sua árvore preferida e contemplava a claridade do dia à qual não estava acostumada. Ela estava exausta e daria uma parte da sua plumagem por uma soneca. *Tenha tempo para seus amigos e sua família,* estava escrito no quadro com o urso vermelho que Bruno Urso tinha colocado na árvore. "E quem cuida de mim?", lamentava, baixinho. "Passo a noite toda e o dia inteiro a caminho cuidando das atividades na floresta e, quando quero fechar os olhos por cinco minutos que seja, vem um dos animais e me faz uma pergunta. Como se eu fosse tão sábia como eles pensam!"

"Mas você é a professora!", manifestou-se a lesma, do chão da floresta. "Você é mais inteligente do que a maioria dos animais!"

"É fácil falar", respondeu a coruja, "você pode passar a vida toda dormindo! De mim é esperado que eu esteja a postos dia e noite! E tudo isso só porque tenho a cabeça e os olhos grandes! Posso confessar uma coisa? Meu cérebro não é maior do que o de um gavião, e qualquer raposa pode enxergar melhor do que eu. Bem,... a não ser o Fernando!"

"Então aprenda a dizer não. Ou tire férias e voe com os pássaros migratórios para o sul! Lá é bem quente, e tem ratos também! Com certeza os animais vão conseguir se virar uma semana sem você. Olhe para mim, comigo vai tudo na moleza!", sugeriu a lesma.

"Você tem outra constituição", respondeu a professora. "Você cola no chão e mal sai do lugar! Eu tenho olhos tão grandes que quase não consigo fechá-los! Devo contar tudo o que planejo fazer nos próximos dias? Observar João Rodolfo Alce e checar se ele expulsou definitivamente os ladrões de tempo. Voar até o Harry Coelho e verificar se ele está seguindo as instruções dos ursos. Aconselhar Beate Abelha a não pensar só no trabalho. Mas isso não é tudo, pois por mim esperam também tarefas bem normais: caçar ratos e outros animais pequenos, e comer até ficar satisfeita. Digerir direito. Você sabe, para mim isso sempre leva algum tempo!"

De repente ela parou e quase caiu do galho de susto. "Ah meu Deus!", gritou. "Eu quase ia esquecendo! Hoje temos o encontro das corujas, no pinheiro, à beira do lago!"

"Então é melhor ir se mexendo!", aconselhou a lesma. "E apareça de vez em quando."

Estava totalmente escuro quando Eusébia Coruja chegou ao pinheiro na margem do lago. Suas colegas emplumadas já esperavam impacientes. O mau humor era visível. "E eu que sempre pensei que a história do professor distraído fosse uma lenda!", resmungava uma coruja da floresta vizinha. "A senhora é pior do que um corujão velho!"

"Comecem de uma vez!", ordenou uma das corujas, impaciente, enquanto Eusébia bicava nervosa sua plumagem. "Ou a senhora esqueceu que hoje é a sua vez de dar a palestra?"

"Oh... ahh... claro que não...", gaguejou a Professora.

Ela começou sua fala solene, que, de acordo com o esperado, tinha sido minuciosamente preparada. Depois de uma hora e meia de palestra sobre o tema "Levar corujas para Atenas", não havia mais perguntas e Eusébia estava contente por ter correspondido, como de costume, às expectativas do grupo de corujas.

Precipitada, voou embora, pois tinha lembrado que ainda havia muitas coisas para fazer. "Observar Fernando Raposo... caçar um camundongo gordo...", resmungava ela alternadamente enquanto voava ao longo do Grande Lago batendo furiosamente as asas. E como ela não conseguia decidir qual das tarefas cumpriria primeiro, voou primeiro para a esquerda, depois para a direita, com o que ficou tão tonta que caiu como uma pedra dentro do lago. Ela veio à tona, espirrando e sacudiu as penas. Voou para a margem do lago e ficou sentada, tremendo, debaixo de um galho de pinheiro.

"Deve ser porque não como nada há horas!", suspirou Eusébia Coruja, depois de recomposta. Sacudiu as últimas gotas da plumagem e se ergueu nos ares, recuperada. "Caçar um camundongo gordo... caçar um camundongo gordo...", tagarelava confusa consigo mesma. Voou para fora da floresta, por cima da terra plana nas margens do lago.

Entretanto, dois dias e duas noites sem dormir a tinham deixado cansada. Ela finalmente achou um camundongo e quis abatê-lo, jogando-se sobre ele como um gavião. Errou o alvo e afundou na lama a dois metros de distância do camundongo assustado.

Depois de algum tempo que, para Eusébia Coruja e sua cabeça tonta, pareceu uma eternidade, uma pata forte de urso a puxou para fora da lama.

"Vai ficar tudo bem", ela ouviu a voz de Bruno Urso, "o bico ainda está aí!"

"Onde... onde estou?", gemeu Eusébia.

"Nas últimas, se continuar assim", respondeu Bruno Urso secamente. "Ouvi dizer que seu discurso no encontro das corujas foi mais uma vez brilhante. Mas era preciso, enquanto preparava o discurso, ficar dois dias e duas noites sem comer nem dormir? Você precisa organizar melhor o seu tempo. As corujas também precisam dormir. E mais importante ainda, planejar cuidadosamente o dia seguinte, ou, no seu caso, a noite seguinte. Senão vai acontecer outro caos com você, como hoje.

Os poucos minutos necessários para o planejamento vão lhe render tempo para fazer coisas legais."

Limpou a garganta. "Decida um dia antes o que tem prioridade máxima para ser resolvido na noite seguinte. Melhor ainda se for por escrito. E atenha-se ao plano. Assim não tem stress. E pense sempre: Com bons cinco minutos de planejamento você pode ganhar, todos os dias, uma hora de tempo que pode ser usada para as atividades importantes." E Bruno Urso enfiou o quadro com as dicas de planejamento bem embaixo do nariz dela.

Planeje o seu dia!

Planeje seu dia na noite anterior,
assim você mantém sua calma de urso.

Divida o seu tempo de
maneira inteligente, e você
poderá utilizá-lo para as coisas que
são importantes para você.
Sua vida vai se equilibrar.

1. Levantar da cama

2. Comer

Cinco minutos diários
de planejamento – você
ganha uma hora com isso.

Mantenha os pés
no chão: comprometa-se
a fazer no dia seguinte
somente aquilo
que você realmente
consegue fazer.

7

Esperto como uma raposa

Desde o início da noite Fernando Raposo estava correndo pela floresta. Gotas de chuva caíam das árvores, e deixavam seu pêlo molhado e pesado. Ele parou e se sacudiu com força. "Com esse tempo a gente não manda nem o cachorro pra fora da porta", falou ele com pena de si mesmo. "E uma pobre raposa que nem eu, correndo a noite inteira pela floresta, na chuva."

Ele parou embaixo de um grande pinheiro e praguejou baixinho quando uma gota de água lhe caiu no olho direito. "Eu pretendia fazer tantas coisas hoje, e agora nem sei mais por onde começar." Sacudiu a água da chuva do pêlo e suspirou ao pensar no aconchego do lar. "Um cara de verdade termina seu trabalho até a meia-noite e passa o resto da noite junto da esposa, na toca quentinha! Os outros certamente não estão perambulando por aí na chuva! Eles já fizeram seu trabalho há tempo! Só eu quero fazer o melhor e acabo não fazendo nada."

Ele enxugou os olhos e tentou organizar as coisas que queria fazer. "Espera aí", falou baixinho consigo mesmo, "se não me engano, eu queria cavar uma nova entrada para a nossa toca. Sim, claro, e preciso coçar as costas com mais freqüência, para não deixar que os piolhos se prendam no meu pêlo. Hum, o que mais? Ah, sim, na volta, jogar uma partidinha com os quatis. Eles acham que nós, raposas, temos o nariz empinado e ficam felizes quando lhes damos atenção. E também preciso tomar banho depois da caçada. 'Não me apareça como um porcalhão em casa', disse ela! Claro, e naturalmente levar um assado de ganso bem gordo para a janta!"

Indeciso, andou algumas vezes em círculo. "Por onde começo? A história do assado de ganso tem tempo, posso fazer na volta. Um banho hoje seria supérfluo; a chuva já me deixou suficientemente molhado. Os quatis, com esse tempo, certamente estão abrigados, e nem pensam em jogar. Já sei! Vou cuidar primeiro das minhas costas. Elas já estão coçando há algum tempo!" Encostou-se no tronco de um pinheiro e se esfregou na casca rugosa. "Ah, isso é bom!", suspirou satisfeito.

Trotou adiante e parou na beira de um riacho ruidoso. "Quase que eu ia me esquecendo", murmurou, "eu queria cavar a entrada da toca das raposas. O banho eu tomo depois. E quando vou caçar o ganso?" Pensou na esposa, que às vezes sabia ser muito severa. "Acho que é melhor colocar meu focinho no riacho! Melhor do que ficar na chuva forte!" Indeciso, ficou um tempo parado e, depois, mergulhou as patas e a cabeça até as orelhas no riacho frio, e saiu tossindo. "Nossa, como está frio!", gemeu. "Acho que vou é tomar um banho de gato!"

Esfregou a cabeça para secá-la e queria começar a pensar no que faria em seguida quando dois quatis surgiram na margem do riacho. "Olá, raposa!", disse o primeiro. "Você joga conosco?" O segundo levantou uma pinha para o alto. "Vamos, nós estamos jogando 'pega a pinha'. Venha!" Os quatis saíram correndo e jogavam as pinhas um para o outro. "Vamos! Pegue a pinha! Faça um esforço!"

Fernando Raposo sentiu-se desafiado e saiu correndo. Ele não podia perder para dois pequenos quatis. Corria em ziguezague entre os dois animais, pra lá e pra cá, enquanto tentava pegar a pinha. Ele nem percebeu que nesse meio tempo tinham chegado no Grande Lago e que estavam perigosamente perto da margem enlameada. "Onde você está? Você já está cansado?", provocou o quati mais novo. "Eu pensava que as raposas fossem espertas!"

Tarde demais, Fernando Raposo reconheceu que os travessos quatis o tinham atraído até a margem. Quando a pinha voou por cima da sua cabeça, ele deu uma pirueta para tentar pegá-la, escorregou e caiu de cheio na lama da margem do lago.

Fernando Raposo ouviu a risada maliciosa dos jovens quatis e queria xingá-los, mas sua boca estava cheia de lama, e as duas pestes já desapareciam na floresta próxima. Ele se arrastou para a água gelada do lago e lavou a sujeira do pêlo. "Quando eu pegar vocês, vocês vão ver!", gritou ele, depois de ter enxaguado a boca algumas vezes com a água gelada. Ficou parado na margem, tremendo, e procurou em volta por um lugar mais quente.

"Aqui, seque-se bem!", soou uma voz conhecida atrás dele. Ele se virou e viu Bruno Urso parado na luz do luar. O urso lhe alcançou um tufo de grama e sorriu com compaixão. "Você por acaso teve uma noite ruim?"

"Ah, é você", suspirou Fernando Raposo. Ele pegou a grama e se esfregou até secar. "Eu já estava com medo que os pequenos desmancha-prazeres tivessem voltado!" Ele deixou a grama cair e sacudiu as últimas gotas de água. Com o pêlo seco, até o vento frio era suportável. Ele olhou interrogativamente para o enorme urso. "Diga-me", disse após pensar um pouco, "você certamente pode me ajudar? Eu pretendia fazer tantas coisas e ainda não consegui fazer quase nada."

"Claro!", respondeu Bruno Urso. Ele colocou a pata no ombro da raposa nervosa e a conduziu até a beira da floresta. "Eu posso lhe explicar como você consegue colocar uma ordem nas coisas que pretende fazer." Ele parou à luz da lua e pegou um galho solto, que estava caído no chão. "A Brunilda esteve hoje de noite com a sua esposa. Elas conversaram por bastante tempo. E quando voltou, ela me contou que a sua esposa teme muito por você! 'Fernando sempre quer fazer tanta coisa, mas acaba se atrapalhando!', disse ela. 'Quando vai caçar um ganso, ele acaba brincando com os esquilos, e quando precisa descansar, fica fuçando na terra!' Isso foi o que ela disse, e eu decidi procurar por você... e aqui está você!"

"Se pelo menos eu soubesse como fazer diferente", queixou-se a raposa. "Eu queria reformar a toca das raposas e caçar o ganso. E também, hum,..., ah, sim, brincar com os quatis."

Bruno Urso não conseguiu disfarçar o sorriso. "O segredo está na ordem, meu querido!" Bruno Urso desenhou alguns traços na terra úmida e leu alto: "Primeiro: trazer um assado de ganso bem gordo para casa! Segundo: cavar uma nova entrada para a toca das raposas! Terceiro: tomar banho! Quarto: se ainda sobrar tempo, brincar com os quatis!"

"Mas foi isso que eu fiz!", respondeu Fernando Raposo. "Eu brinquei com os quatis e tomei banho..."

"Você precisa começar com as coisas mais importantes", interrompeu Bruno Urso. "Pegue um ganso gordo! Somente quando a caça estiver garantida é que você pode pensar nas outras coisas! De outro modo você nunca vai conseguir nada! Toda noite, faça uma lista e coloque o mais importante em primeiro lugar. O assado de ganso vocês precisam para sobreviver, então ele é o mais importante! Está claro?"

"Eu nunca tinha visto a coisa sob esse ângulo", admirou-se a raposa.

Bruno Urso não quis perder a oportunidade de acompanhar seu novo amigo na caçada. Seguiu-o até o local onde os patos mais gordos nadavam e cochichou: "Agora vou lhe mostrar como se pega um desses!"

Antes que Fernando Raposo pudesse dizer algo contra, o urso afastou-se sorrateiramente e esgueirou-se para perto dos patos desprevenidos. Olhou para trás piscando, como quem diz: veja só como é que se faz, e se atirou num violento salto em cima dos bichos. Mas eles já estavam voando longe quando seu imenso corpo caiu na água, ficando deitado que nem um peixe-boi. Ergueu-se gemendo. "Nós, ursos, também não somos perfeitos", disse, enquanto se levantava, suspirando. "Com um salmão isso não teria acontecido!"

Fernando Raposo teve um acesso de riso e, ao ver o olhar irritado do urso, colocou rapidamente a pata na frente do focinho. "Nada mal", opinou, "mas acho que uma raposa astuta como eu consegue fazer isso melhor! Preste atenção!" Eles esperaram pacientemente na sombra de algumas árvores, até que as marrecas voltassem, então Fernando afastou-se sorrateiramente. Com pisadas leves, e sem produzir o mínimo barulho, esgueirou-se pela noite. Abaixando-se, aproximou-se do pato mais gordo e atacou rapidamente. "O que você me diz?", triunfou ele.

"Muito bem!", alegrou-se Bruno Urso. "E agora?"

"Agora vou cuidar da entrada da toca dos ursos", sugeriu Fernando Raposo. "Depois tomarei um banho no rio e talvez depois eu brinque um pouco com os quatis, e depois vou para casa!" Ficou parado, perplexo. "Hei, você percebeu? Eu não me confundi! *O mais importante primeiro!* Na verdade, é bem fácil!"

"Bem, esperto como uma raposa!", alegrou-se Bruno Urso.

QUINTA
SUGESTÃO DE URSO

Resolva primeiro o que for mais importante!

Se você quiser ter sucesso na caçada, pense sempre na presa.

Concentre-se sempre em apenas uma tarefa.

Estabeleça prioridades claras, senão você vai acabar ficando de patas vazias.

Resolva primeiro o que é mais importante – e, de noite, conceda a si mesmo o merecido descanso dos ursos.

8

As abelhas descobrem o relógio dos ursos

Beate Abelha tinha muito o que fazer nesse verão, e quase sempre chegava atrasada para as aulas. "A rainha não gosta muito quando eu faço uma pausa", confessou. "Quando contei para ela sobre os ladrões de tempo, ela falou que vocês ursos são os maiores ladrões de tempo!" Ela tossiu acanhada, antes de continuar rapidamente: "Não se incomodem com o que ela diz! Ela é muito inteligente, e é dona da palavra, e isso acaba deixando a pessoa meio arrogante! Mas lá no fundo do coração ela é boa gente. Ela apenas pensa que nós, abelhas, não temos problemas com o tempo, e que a nossa vida é mais bem organizada do que a da maioria dos outros animais."

"E por que vocês passam o inverno na colméia e acabam irritando umas às outras com os seus zunidos?", perguntou Bruno Urso. "Já é hora de eu ter uma palavrinha com essa rainha. Podemos nos encontrar daqui a uma hora, na colméia?"

"Sim, senhor!", saudou Beate Abelha e zuniu com toda força pela floresta. E com isso quase atropelou o novo quadro que os ursos tinham prendido numa árvore. No papelão tinha o desenho de um urso vermelho, e embaixo dele estava escrito: *Planeje seu dia na noite anterior!*

"Muito engraçado", falou ela com desdém. "O que tem de tão importante para planejar? Temos a incumbência dada pela rainha de coletar a maior quantidade possível de mel, e trabalhamos de manhã à noite em função disso. Desse modo não sobra tempo para mais nada! E à noite, durmo como um urso!"

Ela continuou voando e sentou-se sobre uma flor, sugou o néctar com avidez e foi para a próxima. "Todos os dias, é só trabalho!", gemeu ela zunindo. "A rainha põe um ovo atrás do outro, os zangões não fazem nada, e nós nos matamos de trabalhar até não poder mais levantar as asas. E eu pensei que os ursos iriam nos mostrar como fazer diferente! De tanto trabalhar, mal posso dar atenção para os meus amigos!"

Ela ficou pairando no ar, em frente à flor seguinte. "Santo Urso do Mel!", assustou-se. "Quase me esquecia do nosso encontro!" Voou rapidamente até a colméia e viu Bruno Urso, que já esperava. "Sinto muito", desculpou-se ela, "hoje tenho coisas demais para fazer! Pois sim, fazer um plano e resolver só as coisas importantes! São coisas demais e eu gostaria de resolver tudo imediatamente. Se continuar assim, vou acabar tendo um enfarte."

Bruno Urso conseguia entender a abelha nervosa. "Vou ter uma conversa séria com a rainha", prometeu ele, "talvez melhore!" Ele puxou algo de trás das suas costas e esperou até que a rainha zunisse na frente dos seus olhos.

"O que você quer comigo?", perguntou ela com severidade. "Normalmente eu não falo com um urso qualquer. Se os animais da floresta não estivessem em perigo, e se eu não tivesse um coração tão grande, nem teria aparecido!"

Bruno Urso usou o seu sorriso mais sedutor e sussurrou: "É uma grande honra falar com a senhora!" Fez uma breve pausa e continuou, com voz mansa: "Eu vim para lhe apresentar uma sugestão, Alteza! Eu quero lhe dar de presente o verdadeiro *relógio dos ursos!* Eu o herdei do meu tatatataravô, o Grande Urso Branco, que nas nossas lendas é chamado somente de Iglo." Ele lhe mostrou o colorido relógio de urso, e o prendeu na árvore ao lado da colméia.

A abelha rainha sentiu-se lisonjeada, mas não sabia o que fazer com o estranho relógio. O medidor de tempo mostrava as horas do dia claro, e estava subdividido em blocos de tempo. Entre as zonas de trabalho, tinha horários de lazer, onde dizia *família e amigos* e *repouso,* e em cinco campos brancos estava escrito *café da manhã, almoço e jantar,* e entre eles, *lanche.* "Você está querendo me dar ordens?", perguntou rispidamente a rainha. Ela voava em volta do relógio e sacudia a cabeça, fazendo pouco-caso. "Estamos no mundo para trabalhar, assim eu aprendi. Nosso enxame não conhece descanso! Comemos

enquanto voamos, e não temos tempo para amigos nem para repouso!"

"Nós, ursos, também trabalhamos a vida toda e nem em sonho eu pensaria em criticar a senhora. Muito pelo contrário! A fiel reprodução do nosso famoso relógio de urso deverá ajudá-la a colher mais mel!" Ele deixou que suas palavras fizessem efeito e então falou: "Dou-lhe uma sugestão, Alteza! A senhora se orienta por esse relógio e me conta, no final de uma semana, se a produtividade do seu enxame aumentou. Nesse caso, contarei a todos que a senhora é a rainha mais inteligente e poderosa de toda a Terra! Se a produção diminuir, vocês podem espalhar no mundo todo que eu sou a maior negação ursa do mundo!"

A rainha gostou da aposta. "Combinado", zuniu ela após uma longa reflexão. "E mais uma coisa: se você perder, as minhas operárias vão picar o seu traseiro gordo!"

A semana passou voando. Todas as operárias do enxame estavam se orientando pelo relógio e usavam duas horas do seu dia para se encontrar com as amigas ou até mesmo com os zangões, ou para relaxar ao ar livre. Elas fizeram novas amizades e conseguiram esquecer o trabalho por algum tempo. "Fazia tempo que eu não me sentia assim tão bem", suspirou Beate Abelha, ao encontrar Eusébia Coruja durante um vôo de descanso. "Voar por aí para se divertir, e renovar as forças! Maravilhoso!"

Ela tinha até achado tempo para fazer amizade com outra abelha. Sabrina Abelha era um pouco mais nova e ainda mais arrojada do que ela, e a desafiava várias vezes para fazer competições de vôo. Até agora Beate Abelha sempre tinha vencido, mas a diferença estava ficando cada vez menor, e era apenas uma questão de tempo até Sabrina Abelha ser a primeira a ultrapassar a linha de chegada.

Até mesmo a rainha encontrou vantagens na nova divisão do tempo. Ao perceber que suas operárias vinham cada vez com mais disposição ao trabalho e que colhiam consideravelmente mais mel do que antes, seu humor melhorou visivelmente.

A rainha esperava em frente à colméia, para o encontro combinado. Bruno Urso saiu confiante da floresta. "Fico feliz em ver novamente Sua Alteza Real", saudou educadamente. O sorriso astuto dos seus olhos de botão era praticamente imperceptível. "A senhora hoje está ainda mais bonita e graciosa, se me permite o comentário!" A rainha mostrou-se lisonjeada. "Posso perguntar sobre o resultado da nossa pequena tentativa?"

"E eu fico feliz em cumprimentar um urso tão cavalheiro", respondeu ela ao cumprimento. "O Senhor parece bastante... contente, meu querido amigo!" Satisfeito, Bruno Urso percebeu que a rainha falava com ele de modo muito mais amigável do que no seu primeiro encontro. "Posso lhe dar uma boa notícia. O senhor ganhou a aposta! Aumentamos nossa produtividade em 20%! Precisamos lhe agradecer por isso! Pegue um favo de mel bem recheado e receba os cumprimentos do nosso enxame, Bruno!"

O urso se inclinou e piscou para Beate Abelha, que zunia ali perto.

SEXTA
SUGESTÃO DE URSO

Conceda tempo livre para você mesmo!

Quem vive de acordo com o relógio dos ursos, está no ritmo correto.

Quem quiser caçar ou colher mel com êxito, também precisa de tempo para a família e os amigos.

Quem apenas trabalha como um bicho, acaba se tornando um bicho velho.

Trabalho pesado precisa de compensações gostosas: respirar fundo, repousar o corpo preguiçosamente, falar sobre outras coisas.

9

Os ladrões de tempo não desistem

João Rodolfo Alce estava de ótimo humor. Depois do dia em que tinha caído na frente da Cerva, por causa do chute do Júnior Urso, a sorte sorria para ele. Roberta Cerva correspondia ao seu interesse, e parecia realmente que ele tinha encontrado a mulher da sua vida.

Ele trotava na beira da floresta e sorria satisfeito. Desde que tinha passado a dar ouvidos aos ursos e a resolver suas obrigações logo pela manhã, aproveitava o seu tempo livre bem mais que antes. Parou e deixou o sol do final do verão brilhar no seu pêlo.

Porém subitamente interrompeu seus pensamentos. Que música era aquela? Olhou na direção de onde vinha a maravilhosa melodia e não podia acreditar nos seus olhos: dois pássaros coloridos estavam sentados num galho tocando flauta. "Olá, João Rodolfo!", piou um dos pássaros. "Ouvimos falar que você finalmente encontrou o amor da sua vida! Que tal uma flauta mágica?"

João Rodolfo Alce mal deixou que terminassem. "Que vergonha!", ralhou. "Tentar o mesmo truque baixo comigo duas vezes. Caiam fora! Tentem a sorte em outro lugar! Não quero nada com ladrões de tempo!"

"Mas só queríamos..."

"Sumam!", gritou João Rodolfo Alce.

Os dois pássaros trataram de sumir. "Nunca tinha visto esse chifrudo tão bravo!", gemeu um deles.

"Isso é culpa daqueles ursos!", suspirou o outro.

Na vegetação rasteira da floresta, os dois pássaros retomaram sua forma original. Eram Rif e Raf, os ladrões de tempo.

"Esse aí você pode esquecer!", ralhou Rif. "Ele não cai mais na nossa conversa!"

"Tem razão", respondeu Raf. "E pensar que esse sonhador despreocupado já foi a vítima perfeita. Sem os ursos ele jamais teria sido capaz de planejar o seu dia, e a cerva não teria se interessado por ele também!" Olhou para as mãos enormes e perguntou: "E o coelho?"

"Harry Coelho? Esqueça! Ele não distribui tempo!"

"E aquela abelha?"

"Beate Abelha? Desde que as abelhas começaram a viver de acordo com o relógio dos ursos, ela passa o tempo livre com sua amiga. Ela também não vai embarcar!"

"Precisamos então tentar com a cerva", sugeriu Raf. "Se pegarmos ela, João Rodolfo vem por si! Vamos tentar o truque dos velhos alces..."

João Rodolfo Alce seguiu caminhando. Estava extremamente orgulhoso de ter reconhecido os ladrões de tempo logo de cara e já se preparava para usar o tempo livre em atividades importantes. Começou a pensar no que poderia fazer primeiro. Talvez devesse descobrir possíveis inimigos e espantá-los, ou então abrir um novo caminho na mata, pelo qual Roberta e ele poderiam chegar mais facilmente até a fonte de água. Perdido nos seus pensamentos, João Rodolfo caminhou até uma colina próxima. De lá, observou o terreno em volta à procura de lobos. Quando esfriava demais, essas perigosas feras vinham até o vale e caçavam os animais mais fracos na floresta. Mas tudo estava calmo, e o único ser estranho que enxergou foi um pequeno esquilo. Sorridente, observou-o comendo uma noz.

Deu o sinal para um falcão que passava voando. "Não tem lobos nas redondezas!", e deixou que a ave de rapina avisasse os outros animais. Falcões são pássaros muito confiáveis. E eles têm os melhores olhos da floresta inteira! Por isso João Rodolfo Alce se assustou quando a ave de rapina avisou: "Sua amada está em perigo! Volte correndo!"

Ele correu de volta para a floresta como se tivesse sido picado por um marimbondo. Parou ofegante perto da clareira onde vivia, atrás de uma moita de espinhos.

O que viu não lhe causou muita apreensão. Dois alces idosos estavam parados na clareira a uma distância respeitável da cerva e a envolviam na conversa. "Olá, lindeza", sussurrou um deles. "Podemos incomodá-la?"

"Sim?", perguntou Roberta, curiosa, e com o necessário cuidado. Ela era uma cerva bonita e freqüentemente abordada.

Desses alces velhos parecia não vir nenhum perigo. "Não queremos desperdiçar seu tempo", continuou Rif, disfarçado, "mas temos uma oferta vantajosa que a senhorita não tem como recusar!" Raf continuou rapidamente. "Sim, minha querida, trata-se de um excelente aroma de ervas que minha avó já usava para conquistar o meu avô. Duas gotas nas suas lindas faces e João Rodolfo Alce vai desmaiar de encantamento!"

A cerva ficou atenta. "Como sabem que estou saindo com João Rodolfo? Já estão falando por aí?"

Raf sorriu, nervoso. "A senhorita sabe como são essas coisas. Quando acontece um romance como esse, todos falam! Estou certo?"

"Claro que sim", respondeu Rif.

João Rodolfo Alce, que a essa altura já tinha chegado mais perto, entendeu o que estava acontecendo.

"Rif e Raf, seus malditos ladrões de tempo!", gritou ele furioso. "O que vocês estão querendo, importunando Roberta Cerva?"

Ele não esperou pela resposta, correu para a frente dos alces e, com um violento movimento dos chifres, atirou-os no arbusto de espinhos.

"E agora sumam! Nunca mais apareçam por aqui, entenderam?"

Os ladrões de tempo se livraram dos espinhos, praguejando, e foram embora abatidos. Mas isso o alce e a cerva não ouviam mais. "Você não precisa de aroma de ervas", elogiou João Rodolfo. "Você é a cerva mais linda que já vi! Você quer se casar comigo?"

"..."

SÉTIMA SUGESTÃO DE URSO

Ganhe tempo para novas atividades!

Faça somente aquilo que acrescentar algo na sua vida.

Exclua da sua vida tudo o que for supérfluo.

Tenha entusiasmo por novas atividades que realmente divirtam você.

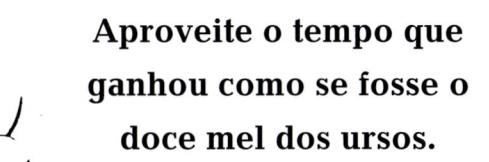

Aproveite o tempo que ganhou como se fosse o doce mel dos ursos.

10

Com a calma dos ursos, tudo fica mais fácil

Veio o outono e as folhas das árvores começaram a mudar de cor. Mesmo nos dias ensolarados já estava mais frio e, às vezes, soprava um vento gelado sobre o Grande Lago, anunciando o inverno. A água no lago e nos rios já estava tão fria que neles não se podia mais tomar banho.

Mas para a Professora Eusébia Coruja isso não era motivo para reduzir a marcha! Mesmo planejando exatamente as noites de trabalho, ela ainda não tinha controle completo sobre suas atividades. Suas noites estavam ficando cada vez mais longas e ela já tinha tantas tarefas na agenda que sua noite de coruja se estendia das três horas da tarde às onze horas da manhã seguinte. Sem ter consideração pela sua saúde debilitada, ela estava sempre a caminho para verificar se tudo estava em ordem na floresta.

Também na primeira noite fria do inverno ela estava novamente no ar. Planava com as asas bem estendidas pela noite enluarada e banhava suas penas no brilho fraco da luz. No entanto, ela se sentia miserável e preferia ter ficado em casa encolhida num oco de árvore, mas sua *consciência do dever* não lhe permitiu fazê-lo. Ela ainda tinha tanto a resolver...

E havia algo mais bonito do que ver o sucesso dos ursos com seus próprios olhos? Satisfeita, ela olhou para a toca da família coelho e teve que sorrir. Harry Coelho, agitado e nervoso, transformara-se num coelho tranqüilo e satisfeito que dividia o trabalho com toda a família, conseqüentemente tendo mais tempo para os filhos.

Passando sobre a colméia das abelhas, a Professora até esqueceu seu resfriado. O relógio dos ursos ainda estava pendurado no tronco próximo e outros animais também passaram a se orientar por ele. Eles tinham percebido que é preciso reservar certas horas do dia para suas próprias necessidades. Cuidar da família e do companheiro, ou companheira, descansar entre duas tarefas, para recuperar as forças... a coruja sorriu para si mesma. Ela parecia ser a única que não se orientava por esse relógio – e ainda se achava muito esperta!

Ela voou sobre a clareira onde João Rodolfo Alce e sua noiva Roberta curtiam a nova vida, e se admirou como o alce tinha aprendido rápido com os ursos. Ele tinha se transformado num animal totalmente diferente! E para isso tinha sido necessário um chute no traseiro, diziam.

Lentamente ela foi voando mais baixo. O frio tinha entrado pela sua plumagem e a puxava para baixo como chumbo. Ela sentiu que realmente estava ficando doente. Desesperada, procurava por um lugar adequado para pousar. Como não achou nenhum, mergulhou rente à borda da floresta, na grama marrom.

Quando a coruja voltou a si, todos os seus ossos doíam. Ela abriu os olhos, gemendo, e viu o rosto compassivo de Brunilda Ursa, que estava voltando de um passeio noturno e casualmente tinha tropeçado nela.

"Eusébia! O que você anda aprontando?", perguntou Brunilda Ursa com simpatia. Ela tinha feito amizade com a coruja. "Eu não tinha dito que você precisa cuidar melhor da sua saúde?"

A coruja esboçou um sorriso. "Eu sei, eu sei, eu deveria ter ouvido você. Eu mesma sei que eu..." Fez uma careta de dor e mexeu na asa esquerda. "Ai que droga, isso dói! Acho que estou doente! E esse calor!"

"Você tem febre, Eusébia!" Brunilda colocou a pata sobre a testa molhada de suor da sua amiga penosa e concordou com a cabeça. "Você pegou uma gripe bem forte, minha querida! Vou levar você para um lugar protegido e lhe fazer uma cama confortável."

Brunilda Ursa lembrou-se de uma árvore oca que tinha encontrado durante uma das suas excursões e levou a coruja, que tremia, para lá. Estofou a cama da doente com musgo macio e grama, e catou alguns ramos pequenos para cobri-la. Depois acomodou a coruja cuidadosamente. "Agora, me prometa que não vai sair daqui! Você precisa descansar, Eusébia! Quem trabalha o tempo todo e voa por aí, sem fazer uma pausa, não precisa se espantar quando o corpo capota! Já não basta você passar a noite toda por aí! Por que você também precisa voar durante o dia? Recupere suas forças, Eusébia!"

A coruja concordou, fraca. "Você tem razão, Brunilda! Eu sempre assumi mais obrigações do que os outros. Isso estava errado. Eu deveria saber que o meu corpo não é uma máquina."

"Você vai ficar boa, Eusébia!", falou Brunilda para animá-la. "Vou paparicar você e só deixar que voe novamente quando estiver totalmente recuperada! E você não vai se mexer daqui, me prometa isso! Palavra de honra?"

"Palavra de honra!", prometeu Eusébia.

OITAVA
SUGESTÃO DE URSO

Faça uma pausa!

**Não fique trabalhando demais
o dia todo e a noite toda.**

**Quem trabalha sem parar,
sempre acaba doente.**

**Estabeleça *pit stops* para
recarregar as baterias.**

**Tente ir mais devagar,
descanse com mais freqüência.**

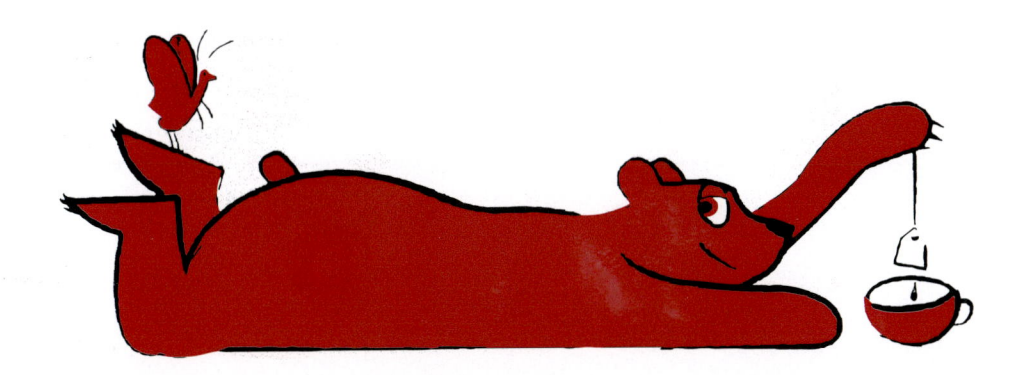

11

É mais fácil viver como os ursos

Como sempre, Harry Coelho acordou de madrugada e se espreguiçou bocejando. Saiu da toca, pulou até o riacho próximo e jogou água fria no rosto. Não viu a coelha que estava escondida atrás de um arbusto e que observava todos os seus movimentos. Ele também não ouviu o seu suspiro reprimido. Sem desconfiar, voltou para a toca. "Como vai o café da manhã, Um? Estou com uma fome de urso!"

A coelha esfregou os olhos espantada e sacudiu a cabeça. "Mas o que deu nele?", murmurou ela. Atreveu-se para mais perto da toca e espiou a sala de estar através de um buraco. Ficou ainda mais espantada com o que descobriu ali. Harry Coelho e seus filhotes estavam sentados em um grande círculo e comiam. Nunca os vi assim tão comportados, pensou ela, confusa. E como está limpo lá embaixo! Mas o que mais a impressionou foi a calma do pai coelho. Feliz e tranqüilo, estava sentado à mesa e comia com gosto. "Não se esqueçam", dizia ele para Três e Quatro, "hoje vocês têm aula prática. Vocês podem aprender muito com os diligentes castores!"

"Sabemos disso", respondeu Três. "E depois da aula vamos colher trevos de quatro folhas! Na margem do lago tem um monte deles!" Quatro concordou. "E eu vou cozinhar algo bem gostoso para nós hoje à noite!"

"Assim novamente teremos algo para nos alegrar", falou Um. "*Carpe diem*", diziam os coelhos letrados. "*Aproveite seu dia!*" Dois concordou entusiasmado. "Eu conheço esse ditado! *Viva cada dia como se fosse o último!* Ou algo parecido com isso." E o pequeno Cinco também se meteu: "Cada dia uma pequena festa!"

"Primeiro o trabalho, depois a diversão", contribuiu Dois com outro ditado. "Preciso ir!" Três e Quatro também se levantaram. "Também está na nossa hora. Hoje vamos procurar trevos e depois vamos treinar saltos, ok?"

A coelha se escondeu atrás de um arbusto próximo e observou espantada os jovens coelhos desaparecerem na floresta. Antigamente eles não davam um passo sozinhos. "Mamãe aqui, mamãe ali, papai faça isso, papai faça aquilo!" Como foi que Harry conseguiu assumir as rédeas da sua vida?

Então Harry Coelho saiu da toca. Sentou-se ao lado da entrada, olhou para o Sol que nascia e aproveitou a luz laranja que brilhava sobre a clareira. Ele passava a impressão de estar feliz e relaxado. Em nada lembrava o cara ansioso que tinha sido.

"Eu já tinha até esquecido como ele é bonito", sussurrou a coelha no seu esconderijo. Encantada, ela observou o sol batendo no rosto dele e fazendo brilhar os pêlos do seu bigode. Ele fechou os olhos, sonhador, e assobiou uma música baixinho. A coelha ouviu por um momento e pensou, com lágrimas nos olhos: nossa música! É a nossa música! Ele a assobiava quando nós nos encontramos pela primeira vez na borda da floresta!

Ela sentiu-se tentada a deixar o esconderijo e pedir perdão para ele, mas uma força invisível a segurou. Suspirando observou Harry Coelho pegar no sono e roncar, até que Beate Abelha passou voando e o acordou com seu zunido. "Sinto muito acordar você", desculpou-se ela, "mas é que hoje estou de bom humor." Ela voou em círculos e olhou para ele, radiante. "Você também está bem, não?"

"Excelente", respondeu Harry Coelho. "Desde que dividi o trabalho com todos na família, estou me sentindo realmente bem!" Uma sombra caiu sobre seu rosto. "Bem, nem tão bem assim! Eu gostaria que a minha coelha estivesse novamente aqui!"

"Não podemos ter tudo de uma só vez", respondeu Beate Abelha, tentando animá-lo, e seguiu voando. Ela não ouviu quando alguém murmurou: "Talvez sim!"

Harry Coelho voltou para a toca e se despediu de Cinco. Este ultimamente tinha crescido bastante e já não tinha mais medo de correr sozinho pela floresta. "Já não sou mais o coelho medroso de antes", declarava ele, destemido. Ele tinha muito orgulho de ser tratado como um adulto.

Depois que ele se fora, Harry carregou Sete, que dormia, para o quarto e o cobriu com tufos de capim. Deu um beijo na testa dele e voltou para a sala de estar. Ali parou por um instante. Pegou uma cenoura e ficou roendo, absorto. Seus pensamentos estavam na coelha que, provavelmente, tinha voltado para as lebres e que, certamente, já o esquecera há muito tempo.

"Olá, Harry!", ouviu subitamente a voz de Helena.

Harry abriu os olhos, surpreso, e viu a coelha na sua frente. Pensou que fosse um sonho, a Fada Morgana, mas ela era de carne e osso e realmente estava na sua frente. "De onde você vem? Quero dizer..."

"Eu queria ver você", respondeu a coelha. Ela estava ainda mais bonita do que no dia do casamento, os olhos castanhos, o pêlo macio como a seda, os bigodes tremendo, tudo como antes mas ainda mais lindo do que ele lembrava. "Durante todo o tempo senti saudade de você. Você me parece muito mudado, está mais relaxado... Sabe, eu sempre sofri, pois você tinha tempo para tudo, menos para mim. Eu desejava tanto que tivéssemos mais tempo para nós dois, tempo em que estivéssemos a sós. Eu tenho observado você nas últimas semanas, você já mudou muitas coisas na sua vida."

"Hum, eu...", começou Harry Coelho nervoso.

Rápida, ela colocou a pata sobre seu focinho. "Psiu! Vamos acordar Sete!" Eles se abraçaram carinhosamente e se beijaram como antigamente. "Diga uma coisa", falou Helena Coelha então, "você teria algo contra se eu me mudasse para cá novamente? Quero dizer, agora que você tem tudo sob controle, nós poderíamos começar de novo. Termos tempo para nós mesmos e não viver apenas um ao lado do outro como pai e mãe. Pois você sabe, ... eu o amo ainda, Harry."

"Eu também amo você, Helena!", respondeu Harry Coelho contente. "E a partir de hoje eu não solto mais você!" Ele pegou a esposa pelo braço e apontou para o quadro que estava pendurado acima da cama: *Faça de cada dia um dia feliz!*

Eles sumiram no quarto, e estavam tão ocupados um com o outro que não ouviram um rosnado satisfeito que vinha da entrada da toca. Era Bruno Urso que murmurava: "Eu sempre digo: Todos os dias faça um animal feliz, mesmo que esse animal seja você mesmo!"

NONA
SUGESTÃO DE URSO

Aproveite o dia!

Diariamente deixe o sol brilhar sobre o seu pêlo.

Faça de cada dia um dia feliz.

Todos os dias faça uma pequena festa.

Quem vive cada dia como se ele fosse um dia especial, consegue realmente aproveitar a vida.

12

Um brinde aos ursos!

 Em poucos dias a Professora Eusébia Coruja já estava bem. Ela tomou a decisão de pegar mais leve no futuro e prestar atenção aos avisos do seu corpo. Aprendeu até a fechar os olhos e, de tempos em tempos, tirar uma soneca. "Assim é melhor", ela ouvia Brunilda rosnando satisfeita. "Sempre pense naquilo que Iglo, o Grande Urso Branco, anunciou certa vez:"

Na calma reside a força.

Com asas bem abertas, ela sobrevoava a clareira no Grande Lago e olhava para Harry Coelho, lá embaixo. Ele corria pela margem em saltos leves e até encontrava tempo para cumprimentar a lesma na beira do caminho.

"Olá, Harry", chamou a professora lá para baixo. "Como vai a sua família?"

"Está prosperando de forma magnífica", respondeu Harry Coelho. "Eu já lhe contei que estamos novamente esperando filhotes?"

"Meus parabéns, meu amigo! Vocês não são os únicos que estão felizes. Já soube? João Rodolfo Alce e a cerva se casaram. Parece que finalmente ele achou o seu caminho."

"É verdade", respondeu Harry Coelho. "A vida dele tornou-se bastante ativa. E ele expulsou os ladrões de tempo de tal maneira que eles não vão aparecer nunca mais por aqui!" Ele parou por um instante. "Você sabia? Dizem que Rif e Raf foram viver entre os humanos! Estes cometem os mesmos erros que nós cometemos! Se forem espertos, eles levam os ursos para a cidade!"

Harry Coelho continuou correndo e encontrou Beate Abelha que lentamente se preparava para o inverno e dava uma das suas últimas saídas. Sabrina Abelha zunia bem perto dela.

"Tudo bem?", perguntou Harry Coelho. "Como vai a rainha?"

"Maravilhosamente bem", respondeu Beate Abelha. "Ela tem nos elogiado abertamente, coisa que ela nunca costumava fazer! E desde que começamos a viver de acordo com o relógio dos ursos, os negócios prosperam!"

"Comigo é a mesma coisa", fez-se ouvir Fernando Raposo, da beira da floresta. Ele estava todo exibido. "Agora já posso contar! Recebi o Troféu *Fox Award* pela melhor caça! Eu não teria imaginado isso nem em sonho!"

"Meus parabéns!", gritaram Harry Coelho e Beate Abelha, em coro.

O inverno chegou e o encontro anual no Grande Lago se aproximava. Todos os animais se alegravam com isso, pois, dessa vez, só havia coisas boas a relatar. No dia de natal Bruno Urso estava sentado com sua família, Eusébia Coruja, Harry Coelho, Fernando Raposo, Beate Abelha e João Rodolfo Alce.

"Compreendo a alegria de vocês", começou ele, "mas antes de anunciarmos o Ano-Novo, eu gostaria de lhes contar a história que Iglo, o Grande Urso Branco do extremo norte, já contava para os seus filhotes."

Enfeitiçados, os animais escutavam Bruno Urso dar início à história. "Aconteceu há muito, muito tempo atrás, quando esse lugar ainda era formado por montanhas fumegantes e terra quente, e o Grande Lago permanecia escondido bem abaixo da superfície. Naquela época existiam animais estranhos, seres imensos, que eram tão grandes que não precisavam temer a ninguém. Eles dominavam todos os outros animais, tinham o suficiente para comer e estavam tão satisfeitos consigo mesmos e com o mundo, que alguns até se entediavam. Eles não tinham objetivos! Não havia desafios que os impelissem e eles se davam por satisfeitos com aquilo que já tinham alcançado." Ele deixou que suas palavras fizessem efeito sobre os ouvintes, e continuou: "Mas essa tranqüilidade não fazia bem para eles. Alguns tornaram-se imprudentes e ousaram entrar num lamaçal que os engoliu inteiros. Outros escalaram as montanhas fumegantes e caíram no fogo ardente. E, subitamente, todos tinham desaparecido e não havia mais descendentes para salvar a sua espécie! Assim conta Iglo, o Grande Urso Branco do Norte, e acho que vocês sabem o que ele quer nos dizer com isso."

"Não devemos ficar satisfeitos com aquilo que já alcançamos", respondeu Fernando Raposo que tinha se transformado numa raposa esperta e cheia de astúcia. "Ficamos preguiçosos e sem disposição quando estamos saciados, é o que minha esposa diz sempre. Precisamos estabelecer novas metas para nós mesmos, e novas atividades, para não morrer de tédio. Estou certo?"

"Eu não teria dito melhor", respondeu Bruno Urso.

No último dia do ano, o dia de São Silvestre, caía uma chuva fria. Quando o arco-íris apareceu sobre o Grande Lago, a professora Eusébia Coruja chamou a todos para o tradicional Encontro de Ano-Novo, na margem do Grande Lago. Dessa vez, todos os animais apareceram, pois todos queriam estar lá para festejar o proveitoso ano e despedir-se dos sábios ursos. Harry Coelho e Fernando Raposo, sempre os últimos a chegar nos anos anteriores, dessa vez foram os primeiros.

"Pois sim, quem imaginaria ver a raposa e o coelho juntos", falou Harry Coelho, "é inacreditável!"

A clareira estava lotada de animais, e a professora coruja estava feliz, pois podia voar e sentar-se livremente no seu galho favorito. Calmamente esperou até que os animais abrissem alas e batessem palmas entusiasmadas enquanto Bruno Urso, Brunilda Ursa e Júnior Urso marchavam para o lugar de honra. "Vivas aos ursos!", gritou Harry Coelho entusiasmado, e todos os outros animais se juntaram a ele: "Três vivas para os ursos!"

A agitação foi diminuindo aos poucos e quando ficou mais calmo, Eusébia Coruja pôde começar seu discurso: "Meus queridos convidados de honra, queridos animais da floresta", iniciou. "Mais uma vez estamos reunidos para falar sobre o ano que passou e ter um panorama para o próximo ano." Nesse ponto ela se desviou do texto decorado e seguiu: "Ora pois, pra que seguir um discurso formal se podemos simplificar."

"Queridos ursos! Vocês nos prestaram um grande serviço, um ato de caridade ursa! Vocês nos mostraram como podemos repartir corretamente o tempo, trabalhar melhor e viver mais felizes. Por isso merecem nossos infindáveis agradecimentos! Vocês nos transformaram em animais felizes e satisfeitos." Ela piscou um dos seus grandes olhos. "Naturalmente não colocaremos essa sorte e essa satisfação em risco; pelo contrário, estabeleceremos novos objetivos motivadores a cada ano."

De forma solene prosseguiu: "Meus queridos ursos! Em agradecimento pelo seu esforço chamaremos, a partir de hoje, o Grande Lago de *Grande Lago dos Ursos*, e vamos lhes conferir o Troféu da Ordem dos Animais da Floresta!" Ela voou do galho e pôs um colar de sementes de carvalho no pescoço de cada urso. "Muito obrigada, queridos ursos! Uma saudação tripla aos nossos amigos!"

"Viva! Viva! Viva!", gritaram os animais em coro.

Nem mesmo a águia, que tudo enxerga, viu a sombra de um imenso urso branco parado do outro lado do lago, à beira da floresta. Ele olhou para trás mais uma vez antes de sumir definitivamente entre as árvores. "Assim está certo, meus amigos", rosnou ele baixinho. "Dessa maneira meu trabalho não foi em vão!"

DÉCIMA SUGESTÃO DE URSO

Transforme seus sonhos em realidade!

Sonhe a sua vida, transforme seu sonho em realidade.

Não derrame lágrimas quando não conseguir realizar algo e não se acomode satisfeito quando conseguir realizar alguma coisa.

Quem tem objetivos definidos, mantém a visão do conjunto mesmo no agito dos acontecimentos.

Nunca perca de vista o seu objetivo de vida.

Quase como na vida real...

...se comportam os animais da floresta em nossa fábula. Todas as semelhanças são propositais, mesmo que nunca sejam mencionadas nos livros de biologia.

Eusébia Coruja nos lembra aquela pessoa que coloca o bem dos outros acima do seu próprio, que não cuida da sua saúde, que sempre se sacrifica pelos outros, sempre assume coisas demais – o trabalho diário, o trabalho voluntário em organizações de solidariedade, associações de pais ou clubes, e ainda visitas a eventos culturais – e acaba se admirando que não dá conta da agenda.

Beate Abelha representa a pessoa que só trabalha, e de tanto trabalho esquece de cuidar da família e dos amigos. Uma pessoa diligente e engajada, está sempre enfiada com toda energia no trabalho, do qual parece não conseguir escapar. Isso vale para todas as abelhas: o trabalho é só a metade da vida!

Fernando Raposo se parece com alguém ambicioso, que luta com o problema de não conseguir satisfazer o que exige de si mesmo. Ele sempre quer ser o melhor, mas de algum modo não consegue. E isso, por sua vez, o deixa insatisfeito. Vale para todas as raposas: se quiserem conseguir algo, é só confiar nas suas qualidades e talentos inatos.

Harry Coelho é o superocupado que quer resolver sete coisas ao mesmo tempo e dessa maneira não consegue fazer nada direito. O pai que quer bater o recorde de produtividade, seja na empresa ou no trabalho autônomo, como ainda nas atividades diárias com a família. A mãe que quer dar conta da profissão e da família ao mesmo tempo e, além disso, quer ser ativa na sociedade ou na política. O chefe atarefado que não consegue ou não quer delegar. Aqui vale a máxima: menos é melhor!

João Rodolfo Alce assemelha-se a uma daquelas pessoas cujo principal problema é a assim chamada enrolação. Ele deixa tudo para amanhã, mas por isso acaba ficando com a consciência pesada e, para compensar, consome seu tempo com detalhes. Ele acredita que, de alguma maneira, tudo vai dar certo, e com isso perde toda a iniciativa. É freqüentemente a típica pessoa acomodada que se satisfaz com o que tem.

E os **ursos**, representam quem? Esses só existem neste livro, e espero que ajudem você a organizar melhor sua vida profissional e a ter uma vida pessoal feliz e equilibrada.

AS 10 SUGESTÕES DOS URSOS

1. Escreva seu projeto de vida!

2. Tire os chapéus inúteis!

3. Aproveite seu tempo precioso!

4. Planeje o seu dia!

5. Resolva primeiro o que for mais importante!

6. Conceda tempo livre para você mesmo!

7. Ganhe tempo para novas atividades!

8. Faça uma pausa!

9. Aproveite o dia!

10. Transforme seus sonhos em realidade!

Faça o teste você mesmo: Que tipo de animal trabalhador sou eu?

Instruções

A partir da sua atual situação profissional e pessoal, avalie cada afirmação segundo sua realidade atual e não como você gostaria que fosse! Seja honesto consigo mesmo, você sempre pode fazer o teste de novo se a situação tiver mudado.

Escolha em cada grupo de cinco frases a afirmação que, de acordo com a sua opinião, mais se adapta a você. Escreva 5 no espaço após essa afirmação e avalie as outras afirmações em seqüência descendente, com notas 4, 3, 2 e 1. A afirmação com a nota 5 é a que mais se aproxima da sua realidade, e aquela com nota 1 é a que está mais longe da realidade. Cada número só pode aparecer uma vez em cada grupo de cinco afirmações.

1

○ Sinto-me responsável por tudo.   _____

□ Sou muito exigente comigo mesmo.   _____

□ Considero importante que os outros
estejam satisfeitos comigo.   _____

△ Atendo sempre todos os pedidos
que me fazem.   _____

◇ Amanhã é outro dia.   _____

2

◇ Necessito de muito tempo para o planejamento.
Assim, muitas vezes não tenho tempo
suficiente para realizar a tarefa em si.   _____

□ Atendo primeiro os pedidos dos colegas,
depois realizo minhas próprias tarefas.   _____

△ Começo a trabalhar imediatamente quando
chega uma demanda.   _____

○ Tento sempre trabalhar em diferentes
atividades ao mesmo tempo.   _____

□ Começo pelo topo da pirâmide de trabalho.
Muitas vezes a manhã já passou quando
consigo chegar nas coisas importantes.   _____

3

◇ Eu me sinto bem quando as coisas
são feitas da maneira de sempre.   _____

☐ Sempre uso todas as minhas forças
na resolução das minhas tarefas.   _____

△ Eu trabalho até resolver tudo.   _____

☐ Sou impulsivo e espontâneo no
trabalho do dia-a-dia.   _____

○ Eu me pergunto como conseguirei
dar conta de tudo.   _____

4

○ Gosto de assumir trabalho extra.   _____

☐ Sou freqüentemente receptivo e
equilibrado nas conversas   _____

◇ Prefiro deixar as coisas desagradáveis
para amanhã.   _____

☐ Acho que tantas coisas são interessantes,
que às vezes perco a visão do todo.   _____

△ Eu trabalho muito e não tenho tempo livre.   _____

5

○ Eu me sinto freqüentemente sobrecarregado
pela quantidade de tarefas e fico estressado.   _____

☐ Gosto de trabalhar em equipe porque trabalhar
em conjunto é divertido.   _____

△ Prefiro sacrificar minhas horas de lazer a deixar
trabalho para trás, ou deixar que outros o façam.   _____

☐ Adoro desafios e gosto de mostrar aos
outros o que sei fazer.   _____

◇ Quando uma coisa não dá certo, deixo
de lado e faço outra coisa antes.   _____

6

△ Eu gostaria de fazer regularmente
intervalo para o almoço.   _____

☐ Sempre quero ser o melhor.   _____

☐ Gostaria de ter mais tempo para tornar
realidade meus próprios objetivos.   _____

◇ Eu gostaria de ter mais tempo
para novas tarefas.   _____

○ Eu gostaria de trabalhar sem
constante pressão de tempo.   _____

7

◇ Eu gostaria de dormir mais tempo e
começar o dia mais devagar. _____

☐ Quando surge uma nova tarefa, eu não abandono
a anterior, ao contrário, trabalho mais. _____

☐ Eu gostaria de estruturar meu trabalho. _____

○ Muitas vezes fico sob pressão de concluir meu
trabalho mais rápido para dar conta de tudo. _____

△ Quando estou trabalhando, esqueço tudo
em volta, o tempo voa. _____

8

☐ Se eu não conseguir comer direito,
prefiro não comer. _____

☐ Muitas vezes deixo de fazer um intervalo
para o almoço para terminar de fazer algo. _____

◇ É importante para mim ter calma e
uma atmosfera agradável para comer. _____

△ Prefiro comer enquanto trabalho para
não perder tempo. _____

○ Não sei o que são refeições regulares. _____

9

△ Eu gostaria de ter mais tempo para
amigos e lazer. ⎯⎯⎯⎯

☐ Eu gostaria de algum dia poder dormir
bastante, ou tirar umas longas férias. ⎯⎯⎯⎯

○ Também no meu tempo livre eu gostaria
de ter menos planos e prazos. ⎯⎯⎯⎯

☐ Eu gostaria de viver o dia tranqüilamente,
sem maiores ambições. ⎯⎯⎯⎯

◇ Eu gostaria de viver algo novo. ⎯⎯⎯⎯

10

△ Volta e meia me pergunto pelo sentido das
coisas, mas o dia-a-dia acaba me atropelando. ⎯⎯⎯⎯

◇ Poderíamos fazer muitas coisas,
se tivéssemos tempo. ⎯⎯⎯⎯

☐ O bem-estar dos outros é fundamental
para mim. ⎯⎯⎯⎯

☐ Insatisfação faz parte da vida, é a força
motriz para o progresso. ⎯⎯⎯⎯

○ Simplesmente me falta tempo para arte,
cultura e as coisas bonitas da vida. ⎯⎯⎯⎯

Interpretação

Conte agora em qual símbolo você fez a *maior pontuação*. Pode ser positivo se o resultado não for muito unilateral, pois é difícil alguém incorporar somente um tipo de animal de forma exclusiva. Conforme a situação, a maioria das pessoas demonstra na vida pessoal e profissional comportamento de tipos diferentes. Via de regra, um ou dois tipos espelham melhor a sua realidade pessoal.

☐ A coruja _____ pontos

△ A abelha _____ pontos

☐ A raposa _____ pontos

○ O coelho _____ pontos

◇ O alce _____ pontos

A coruja responsável

Assume seriamente os pedidos feitos a ela, e não desiste até resolver tudo perfeitamente. Ela descuida dos seus limites de resistência e coloca as necessidades dos outros acima das suas próprias. Com isso tende a não perceber os sinais de alerta do seu corpo, pois a consciência que tem dos deveres é mais forte.

 **7 sugestões de urso** para uma coruja controlar melhor sua vida:

1. Reconheça seus limites pessoais.
2. Diga não mais vezes.
3. Faça reuniões com os outros para combinar prioridades e atividades.
4. Reserve tempo suficiente para descanso e diversão.
5. Torne-se consciente dos seus objetivos.
6. De vez em quando aceite também uma nota ruim.
7. Preocupe-se com o seu bem-estar.

A abelha trabalhadora

De tanto trabalhar, a abelha esquece de tudo o mais. Ela não suporta se algo fica para trás e resolve tudo imediatamente, de preferência fazendo várias coisas ao mesmo tempo. Com isso, perde o foco do que é urgente e importante. Está insatisfeita porque sua vida consiste somente em trabalho, mas é difícil para ela desligar.

 **7 sugestões de urso** para uma abelha controlar melhor sua vida:

1. Tenha em mente que a vida não consiste só em trabalho.
2. Estabeleça metas claras para cada dia.
3. Não se deixe atropelar por atividades urgentes mas sem importância.
4. Planeje conscientemente tempo suficiente para amigos e amigas.
5. Tire um tempo entre as atividades para refletir sobre aquilo que você está fazendo no momento.
6. Às vezes menos é mais – aprenda a livrar-se de algumas coisas.
7. Tire deliberadamente tempo para descanso, repouso e não fazer nada.

A raposa exigente

A raposa sempre quer ser a melhor. Dedica-se às suas atividades com muita ambição, e quer satisfazer tanto às suas exigências quanto as expectativas dos outros. Propõe-se tantos objetivos que acaba perdendo de vista o que realmente é importante. Assim acaba se perdendo nos detalhes.

 **7 sugestões de urso** para uma raposa controlar melhor sua vida:

1. Faça um planejamento claro para o dia.
2. Ordene suas atividades de acordo com prioridades claras.
3. Assuma a cada dia somente uma atividade prioritária.
4. Concentre-se totalmente naquilo que estiver fazendo no momento.
5. Não perca tanto tempo analisando as coisas.
6. Aprenda a tomar decisões claras e rápidas.
7. Estabeleça metas que sejam possíveis de atingir.

O coelho ansioso

O coelho está sempre com pressa e superatarefado. Ele prontamente assume todas as tarefas e trabalha continuamente para conseguir dar conta de tudo. Assim acaba fazendo várias coisas ao mesmo tempo e, em compensação, nenhuma de forma correta. Tudo fica pronto no último minuto, e ele passa correndo atrás das coisas.

 **7 sugestões de urso** para um coelho controlar melhor sua vida:

1. Tenha em mente quais são as atividades verdadeiramente importantes para você.
2. Afaste-se de compromissos que não o levem adiante.
3. Não coloque todos os chapéus de uma vez na cabeça.
4. Elabore uma lista de coisas a fazer e realize as atividades pela ordem de importância.
5. Planeje deliberadamente espaços de descanso e lazer dentro do seu dia de trabalho.
6. Delegue tudo o que for possível.
7. Não preencha todos os momentos livres que surgirem. Aproveite o tempo livre.

O alce acomodado

O alce vive seu dia e trabalha um pouco aqui, um pouco ali. A cada momento se deixa levar por uma conversinha, e gosta de sonhar acordado. Empurra tarefas desagradáveis com a barriga e se esquiva de novas atividades. Seu dia de trabalho passa devagar, tornando-se monótono com o decorrer do tempo.

 **7 sugestões de urso** para um alce controlar melhor sua vida:

1. Estruture seu dia de trabalho.
2. Comece imediatamente as tarefas desagradáveis, sem deixá-las para depois.
3. Planeje seu dia por escrito e estabeleça um limite de tempo obrigatório para cada tarefa.
4. Trabalhe orientado para objetivos e resultados.
5. Não permita que interrupções sirvam como motivo para você ficar sonhando acordado.
6. Engaje-se e busque novos desafios.
7. Ganhe tempo para atividades novas, mais bonitas e interessantes.

Agradecimentos

Este livro não teria se tornado realidade sem o apoio engajado de várias pessoas e animais.

Agradeço a *Thomas Jeier,* autor de vários livros para jovens e ex-chefe de redação de "Fix und Foxi", especialmente pelas suas idéias criativas e cheias de imaginação, e pelas sugestões para a fábula dos ursos.

À minha agente *Lianne Kolf* agradeço pela incansável disponibilidade e permanente confiança.

Muito obrigado à Editora Ariston: à minha editora *Dra. Monika Roell* pela sua inspiração visionária, à gerente *Stephanie Ehrenschwendner* pela sua dedicação e à revisora *Usha Swamy* pela sua intervenção e paciência.

Agradeço às minhas *colegas de trabalho* no *"Heidelbärger" Seiwert-Institut*, que me liberaram do trabalho, assim permitindo-me ter tempo para escrever.

E finalmente, agradeço aos *animais* da fábula, em especial aos meus queridos *ursos,* aos quais é preciso agradecer por terem me proporcionado escrever este livro!

Impressão e Acabamento